어항을 깨고, 바다로 간다

시각장애인을 위한 표지 설명

표지의 바탕에는 바다의 부서지는 파도가 잔잔하게 표현되어 있다. 흰색과 하늘색, 청록색의 아크릴 물감이 마치 유화의 붓터치와 같은 질감으로 파도를 그려낸다. 상단에는 '어항을 깨고, 바다로 간다'라는 제목이 크고 굵게 적혀 있다. '어항'이라는 단어에는 괄호가 둘러져 있고, '바다'라는 글자 우측으로는 물결을 나타내는 선이 약 3센티미터 이어진다. 표지 중단에는 '전진하는 김예지의 단단한 기록'이라는 부제가 작은 글씨로 적혀 있고, 그 아래에 '김예지 지음'이 작게 적혀 있다. 하단에는 출판사 사이드웨이의 영문 로고가 적혀 있다.

(어항)을
깨고,
바다
로 간다

전진하는 김예지의 단단한 기록

김예지 지음

SIDEWAYS

안내견학교

WARNING
INTELLIGENCE

최고위원
김예지

대한민국 국회

김 예 지

시각장애인
안내견
삼성화재
안내견학교

코이라는 물고기가 있다. 작은 어항에서는 10cm, 수족관에서는 30cm, 넓은 강에서는 1m가 넘게 자라는 물고기다. 잉엇과에 속하는 이 물고기를 직접 본 적은 없지만, 오래전 이 물고기에 관해 처음 들었을 때 조금 뭉클하고 아릿한 마음이 들었다. 나는 10여 년 전부터 장애와 인권, 혹은 음악과 예술 등의 주제로 강의할 때 종종 코이 이야기를 언급하곤 한다. 주어진 환경에 따라 성장의 정도가 달라진다는 코이의 은유가 장애인과 사회적 약자, 소수자가 맞닥뜨린 현실을 이야기할 때 너무도 적절했기 때문이다.

그런데 지난 2023년 6월 14일 대정부질문의 마무리 발언으로 내가 준비한 '코이의 법칙'을 듣고 우리 사회가 보여준 반응은 깜짝 놀랄 정도였다. 동료 의원들은 여야 가릴 것 없이 이례적으로 기립박수를 보냈고, 언론에서도 내 발언의 맥락과 코이라는 물고기에 대해 기사가 쏟아졌다. 시민들의 반응은 더했다. 내 이야기에 뜨겁게 감동했다는 분들도, 여러 차례 영상을 돌려보며 눈물을 흘렸다는 분들도 많았다. 그동안 우리 정치가 얼마나 무너져 있었는지를 생각하게 된다는 분들도 적지 않았다. 많은 분들이 내가 국회에 들어온 후 경험하지 못했던 엄청난 환대와 찬사를 보내주었다.

무엇 때문이었을까? 우리 사회에는 아직도 누군가의 가능성과 성장을 가로막는 어항과 수족관이 곳곳에 있으며, 이것을 깨고 국민 누구나 기회의 균등 속에서 재능을 마음껏 발휘할 수 있는 사회가 되어야 한다는 나의 말이 왜 사람들의 마음에 가닿았을까? 어쩌면 사람들이 '코이의 법칙'과 함께 그 말을 하는 나, 김예지를 바라보았기 때문인지도 모른다. 바로 그 메시지를 전하는 나에게서 온 힘을 다해 강물까지 나아가려는 코이를 발견했는지도 모른다. 나는 여러모로 부족한 사람이지만, 작은 코이처럼, 나를 가두려는 유리벽을 깨려고 언제나 노력해왔으므로.

그리고 나처럼 장애를 갖고 있지 않더라도, 지금 어떤 환경에서 살아가고 있든, 우린 모두 코이를 닮은 사람들이다. 우리에겐 각자 자신의 어항과 수족관이 있다. 그 안에서 자신의 재능을 마음껏 발휘할 수 있는 강물과 같은 세계를 꿈꾼다. 그런데 우리 사회에는 그런 걸 꿈꿀 겨를도 없이 어항 속 산소조차 보장받지 못하는 분들도 함께 숨을 쉬고 있다. 시민들이 자기 주위의 벽을 조금씩 허물며 더 넓은 곳으로 나아가고, 또 그렇게 벽을 깨는 일을 통해서 자신보다 약한 코이들을 이끌어 강물로 같이 나아가는 일, 바로 그것이 내가 추구하는 정치의 방향이다.

강은 바다로 이어진다. 코이는 지금 여기에서 가슴속에 저 넓고 푸른 바다를 그리고 있다. 바다는 우리에겐 불가능한 듯 느껴지는 미지의 세계고, 이상의 세계다. 그래도 우리는 다 같이 천천히 바다를 향해 나아가는 사람들이다. 어디서 천적이 나타나 잡아먹힐지 알 수 없지만 망망대해를 자유롭게 유영하고 성장하며 삶에 도전하는 코이는 우리 모두의 꿈이 아닐까?

나도 이젠 더 열심히 전진하려 한다. 나는 여러분을 볼 수 없지만 여러분이 나를 바라보고 있으니 위안이 된다. 내게는 불빛이 필요 없지만, 어두운 밤이면 여러분을 위해 불을 켜드릴 것이다. 여러분은 저 뒤편 어항 구석에 남아서 웅크리고 있는 코이가 있진 않은지 확인해주시길 부탁드린다. 이 책은 나의 항해기이고, 우리의 항해기이다. 바다를 향한 기나긴 여정에 함께해주셔서 진심으로 감사드린다.

2023년 12월 13일

김예지

차례

Ⅱ. 내 몸을 물결에 맡기고

Ⅲ. 정치라는 예의

I.

나는, 나아간다

"인식에도 전환이 필요하다고 생각합니다. 장애는 배려의 대상이 아니라 공감의 대상입니다. 장애는 함께하는 어떤 다른 삶이며, 틀림, 비정상이 아니라 다름, 다른 사람입니다. 다름을 서로 인정하고 존중한다면 모두가 함께 행복할 수 있는 사회가 올 것입니다."

—《SBS》'주영진의 뉴스브리핑 인터뷰' 중에서 (2020. 4. 22.)

"여러분들은 이미 여러분들 자신을 위한 정치를 하고 계십니다."

— 모교인 국립서울맹학교에서 (2021. 11. 26.)

무엇이 좋은 삶일까?

나는 앞이 전혀 보이지 않는다. 매일 깜깜한 어둠을 직면한 채 살아간다. 선천성 망막색소 변성증으로 인해 아주 어릴 때부터 거의 보이지 않았고, 초등학교 5학년 무렵 완전히 시력을 잃었다.

어렵고 불편한 삶이다. 단 한 시간이라도 이렇게 살아보지 않은 이들은 그 어려움을 짐작하기가 쉽지 않을 것이다. 그렇지만 이 세상을 살아가는 이라면 그 누가 불편하고 힘들지 않을까? 모두가 자신만의 고통과 괴로움을 직면한 채 매일을 살아간다. 삶의 냉혹한 벌판 위에서는 이렇게 사는 사람도 있고, 저렇게 사는 사람도 있다. 다양한 조건에서, 다양한 방식으로 살아가는 우리가 모여 하나의 공동체를 이룬다.

무엇이 좋은 삶일까? 정답은 없다. 어쨌든 나는 순응하지 않았고, 아닌 건 아니라고 생각했고, 부딪칠 때는 부딪쳤고, 도전할 수 있을 때는 도전하면서 백방으로 내 나름의 안간힘을 썼다. 사람들이 하지 말라고 하는 것을 늘 시도하고, 노력하고, 주위를 거스르는 방식으로 살아왔다. 사람들은 내가 음악을 하는 것도 반대했고, 유학을 가는 것도 반대했고, 국회에 오는 것도 반대했다. 모두 나를 걱정하는 좋은 마음에서 그랬을 것이다. 나는 그분들을 반대했다. 온 힘을 다해서.

나는 당신이 어떤 삶을 살아가든지 진심으로 응원할 것이다. 사람은 누구나 자기 위치에서 최선을 다하고 산다는 것을 잘 알고 있기 때문이다. 다만 나는 이 책에서 당신의 삶을 당신이 결정한다는 것이 얼마나 소중한 일인지를 강조하게 될 것 같다. 그건 인간이 지닌 가장 귀중하고 본질적인 덕목이기에. 세상의 어떤 벽 앞에서도 유보될 수 없는.

바다를 꿈꾸는 사람

나는 이제 마흔 중반쯤의 삶을 살아왔다. 아주 긴 건 아니지만 제법 인생을 살아보고, 내 주위 많은 사람들의 이야기를 들을수록 자기결정권이 얼마나 중요한지에 관한 생각이 더 강하게 든다.

삶의 분기점에서 당신이 어떤 선택을 하든 나는 그것을 지지할 것이다. 단 하나, 당신이 스스로 선택한 삶을 결코 후회하지 않았으면 한다. 내 생각이 꼭 옳다고 할 순 없겠지만, 확신하건대, 인간은 자기가 결정한 바에 대해서는 결코 후회하지 않는 존재라고 말할 수 있다.

비록 실패하고 좌절하더라도 후회하진 않는다. 그런데 남들이 "너 이러저러하게 살아야 돼."라고 말하는 바를 따라 살아간다면 언제든 후회할 가능성이 크다. 덩달아 자기가 아닌 다른 사람을 비난할 가능성도 커진다. 본인이 본인의 결정을 믿지 못하고 스스로를 미워하고 있는 탓일 것이다.

자기 자신을 믿지 못해서 남을 미워하고 과거를 후회하는 삶을 살아가는 건 안타까운 일이다. 나는 미래에 관해선 다소 걱정을 하는 편이지만, 과거를 후회한 적은 없다. 단 한 번도 없었다. 나는 정말로 누구의 말도 듣지 않고 내가 살아가고픈 대로 살아왔던 것 같다. 적어도 지금까지는 말이다.

당신은 지금 거기, 당신의 어항 안에 머물러 있어도 좋을 것이다. 그곳에서 당신만의 자유를 누리고 편안함을 느낀다면 그것도 좋은 선택일 것이다. 그러나 만약 당신이 당신의 세계를 에워싼 그 어항이 답답해지기 시작하고, 그 안에서 당신을 가로막고 있는 부당하고 불합리한 것들을 발견하고, 그래서 저 어딘가에 있을 강물과 바다를 꿈꾸기 시작했다면? 나는 당신에게 있는 힘껏 발길질을 시작하라고 권할 것이다.

:

식당에서 쫓겨나는 국회의원

2020년 제21대 의회에 들어와 이른바 '권력'을 가졌다는 국회의원이 되었고, 여러 유명 TV 프로그램에도 나가보고, 여러 언론매체의 헤드라인도 장식해보고, 또 그 경험에 기대 이런 책을 쓰자고 마음도 먹게 됐다. 세상의 온갖 비난과 험한 말만큼, 많은 분들이 보내주신 찬사도 들었다. 이쯤 되면 어느 정도 유명세를 치르는 삶, 세속적으로 성공한 인생이라고 할 수 있는 걸까? 누구라도 조금은 부러워하는 삶 아닐까?

글쎄, 당신이 이 이야기도 한번 들어주시면 좋겠다. 나는 지금도 어딘가의 식당에서 쫓겨나고, 또 어딘가의 부동산에서도 환영받지 못한다. 식당에서는 "안내견은 좀…."이라며 날 내쫓는다. 식당 주인은 나를 알아보면서도 자신의 가게에 들어오는 걸 거절한다. 그런 일이 하도 빈번하다 보니 '이건 뭐 아는 사람이니깐 더한 건가?'라는 생각이 들기도 한다.

안내견과 함께한다는 그 이유로 사람을 자기 공간에 받아들이지 않는 건 명백한 불법이다. 이 책을 읽는 당신이라면 이미 알고 있겠지만, "누구든지 보조견 표지를 붙인 장애인 보조견을 동반한 장애인이 대중교통수단을 이용하거나 공공장소, 숙박시설 및 식품접객업소 등 여러 사람이 다니거나 모이는 곳에 출입하려는 때에는 정당한 사유 없이 거부하여서는 아니 된다."(장애인복지법 제40조 3항)

그런데 열 군데의 부동산을 가면 그중 아홉 군데에서 나를 문전 박대한다. 열 군데 중 한 군데가 아니다! 열 곳 중에서 '감사한' 축에 속할 한 곳의 부동산에서는, 주저주저하며 집주인에게 한번 물어본단다. 그럴 때마다 나는 늘 공인중개사 앞에서 일장 연설을 시작한다. 장애인복지법에는 이런 근거가 있고, 장애인차별금지법에는 저런 근거가 있으며, 장애인을 비롯한 모든 인간의 헌법적 권리에 대해 말씀드린다. 그러면 본인은 중개업을 하고 있을 뿐이니깐 힘이 없으니 주인에게 물어본 후에 연락을 준단다. 그러니 돌아가란다. 당연히, 이후에 연락은 없다.

결국 나 같은 시각장애인에게 집을 임대할 수 없다는 것이다. 그런 버젓한 차별이 내 앞에서 벌어지다니? 그건 아무리 좋게 생각하려 해도 도저히 이해할 수 없는, 애초에 말도 안 되는 일이다. 국회의원은 법을 만드는 존재인데 그런 국회의원이 시각장애인이라고 쫓겨난다라…. 법을 만드는 국회의원이 엄연한 불법의 현장 앞에서 입을 다물 수밖에 없다니. 곱씹을수록 아이러니하고 씁쓸한 일이 아닐 수 없다.

배반하는 법, 지켜지지 않는 약속

이게 무슨 20대, 30대 시절의 일도 아니다. 모두 국회에 있는 동안 겪은 일이고, 나는 심지어 지난주에도 이런 일을 겪었다. 국회의원이 아니라면, 나는 소송이든 인권위 제소든 뭐라도 시작하며 싸웠을지도 모른다. 물론 평범한 사람에겐 그 역시 쉽지가 않다. 2015년 시각장애인의 놀이기구 탑승을 정당한 사유 없이 거부한 테마파크의 2심 손해배상 승소 판결이 나오는 데 무려 8년이 넘는 시간이 걸렸다.

법은 최소한의 약속이다. 약속은 없는 것보다는 있는 것이 낫다. 그래야 그 법을 지키라고 권고라도 할 수 있고, 지키지 않은 이에겐 마땅한 벌칙도 논의해볼 수 있으니까. 하지만 법이라는 약속은 때때로 우리에게 근본적인 질문을 던지게끔 한다. 하나의 존엄한 인격체로서 자신의 권리를 행사하는 것도 '약속'이 있어야만 가능한가? 이 사회의 구성원들은 '약속'을 어겼을 때의 불이익이 두려울 때만 시각장애인인 나의 자유를 보장해줄 것인가?

그나마 있는 약속도 제대로 지켜지지 않는 상황에서 이런 질문들은 그다지 현실적으로 느껴지지 않는다. 어떤 측면에서는 비장애인도 마찬가지겠지만, 우리 사회의 장애인이기 때문에 마주쳐야 하는 불법적인 행태가 우리 사회엔 아직도 수두룩하다. 그리고 일상적이다. 공기처럼 만연해 있다. 장애인이 이런 공기를 도저히 참지 못하고 집회나 시위를 하다가 불편을 초래한다면? 사회가 온통 장애인을 '불법적인 존재'라고 규탄할 것이다. 마치 좀비 떼를 보듯이. 그런데 우리 장애인들이 매일처럼 겪는 연속된 불법들은 결코 사회의 주목을 받지 못한다. 사회는 분명 장애인들에게 점잖고 부드러운 침묵을 강제하고 있다.

그래서 내가 마주쳤던 법을 어긴 업주들에게 무엇을 할 수 있을까? 장애인복지법에 따라 과태료를 물게 하거나 국가인권위원회에 제소를 할 수 있을 것이다. 그러나 형법이 아닌 이상 그 불법적 행위에 대하여 과태료 이상의 제재를 취할 수 없으며,

그러한 과태료도 이런저런 정상이 참작되어 소액인 경우가 태반이다. 그렇다면 외국처럼 징벌적 배상과 같은 강력한 제재를 내리는 게 답일까? 부동산임대업이나 식당을 하는 분들도 대부분은 영세한 형편에서 삶에 쫓기는 분들이라는 걸 나도 안다. 우리는 무엇을 해야 하는가?

법은 약한 이들 앞에서 종종 무력하고, 자주 우리를 배신한다. 많은 이들이 자기만의 사정을 변명으로 내걸면서 우리 공동체가 정해둔 약속을 어긴다. 나는 수백 수천만 원의 과태료를 물리지 않더라도 그들이 나를 받아들일 수 있는 사회를 바라고 있다.

나는 국민을 대표해서 우리 사회에 필요한 법안을 제정하고 개정하는 사람이다. 동시에 나는 일상이라는 무게와 편견의 타성에 치인 채 내게 불법을 저지르는 이들의 생각의 방향과 가치관을 바꾸고 싶은 사람이기도 하다. 아니, 반드시 바꾸어야 한다고 믿는 사람이다.

지키지 않는 약속은 아무런 의미가 없고, 때로는 없는 약속보다 더 유해하기에.

산소가 없는 세상

지금 내가 어디선가 쫓겨날지언정 수십 년 아니, 수백 년 뒤에는 무언가가 좀 바뀔 것인가? 지금 내가 조금이나마 '중요한 위치'에 있어서 사람들의 생각이 아주 조금씩이라도 바뀌어가고 있을까? 나는 사람들이 생각을 자연스럽게 바꿀 수 있도록 이끄는 길잡이와 같은 역할을 잘하고 있는 것일까?

과거 내가 연주자로 활동할 때는 장애인에게 두는 한계limit가 지금보다 훨씬 더 심했다. "예지 씨는 장애인인데… 비장애인 학생들을 잘 가르칠 수 있겠어요?"와 같은 여러 학교, 기관의 피드백을 젊었을 때 참으로 흔하게 받았다. 그런 식의 편견은 애초에 용납될 수 없는 것이었고, 가르칠 수 있는 권리가 무슨 시혜와 수혜의 개념으로 바라볼 것은 더욱 아니다. 세간의 여러 우려 속에서도 나는 박사학위를 받고 돌아와 대학교에 출강하며 훌륭한 학생들을 가르칠 수 있었다. 피아노를 가르치는 일과 시각장애는 아무런 연관이 없는 것이며, 이것은 말 그대로 인간의 기본권에 속하는 문제일 테니.

우린 모두 산소가 있어야 숨을 쉰다. 그 어떤 생명체도 일상에서 매 순간 산소를 의식하거나, 산소를 고마워하면서 살진 않는다. 그러니 산소의 필수불가결함을 언급하는 일은 대개 엉뚱하고 지루하게 느껴지리라. 누구라도 그런 말을 들으면 '당연한 것을 왜 자꾸 언급하지?'라고 생각할 수밖에 없다.

즉, 우린 아무도 산소의 긴요함과 필요성을 주제로 토론하지 않는다. 그러자고 하는 이가 있다면 곧장 이상하다고 생각할 것이다. '아니, 무슨 말도 안 되는 소리야? 인간에게 산소가 필요하다는 걸 우선순위를 따지면서 토론하고 찬반에 부치는 게 말이 돼?' 당연히 이런 반문이 이어지리라. 그런데 산소처럼 당연한 것이 지금 어떤 이들에겐 간절하다면? 내가 산소가 부족한 걸 느끼고 있는데, 그것을 공유해야 할 필요성을 이 사회가 토론에 부치고 있다면? 그리고 산소가 필요한 이들에게 "알겠는데, 너희 이젠 너무 시끄럽게 굴지 마."라고 다그치고 있다면?

내가 장애가 있다고 해서 무조건 더 힘겨운 삶을 살아가고 있다고 생각하는 건 아니다. 또 내가 원하는 곳에서 제때 밥을 먹지 못하고, 원하는 곳에서 자유로이 살 수 없다고 해서 그걸 생명체에게서 산소를 뺏는 것과 완전히 같다곤 말할 수 없을 것이다. 그러나 그것은 산소가 희박한 어항 안의 물고기가 느끼고 있을 고통의 감정처럼 언제나 나를 옥죄고 갑갑하게 만드는 건 분명하다. 신분제 시대에 살던 노예의 처지를 생각해봐도 좋을 것이다. 그 시대의 신분과 같은 의미에서, 사회적 약자와 소수자를 가두고 억압하는 벽이 존재하지 않는다고 누가 말할 수 있을까? 그러니 나는 지금처럼 어항의 벽에 내 몸을 부딪치는 일을 멈출 수 없는 것이다.

부딪힘의 릴레이

내가 세상과 부딪치는 걸 왜 이렇게 두려워하지 않나 생각해보면, 내가 지금도 무언가와 끊임없이 부딪히는 현실을 생각지 않을 수 없다. 이건 비유적인 표현이 아니라, 정말 내 몸이 무엇과 부딪히며 내가 평생을 살아왔다는 말이다.

부지런히 움직이고 뛰어다니기 좋아했던 나는, 성장하면서 정말로 온갖 곳에 쾅쾅 퍽퍽 부딪혔다. 어린 김예지의 키가 커가면서 부딪히는 부위가 달라졌다. 머리 이마로부터 시작해, 미간과 코, 그리고 입술과 턱에서 점점 내려와 가슴, 허벅지, 무릎과 정강이까지…. 내 몸은 그야말로 자라는 내내 부딪힘의 릴레이를 겪었다.

나는 매일 부딪혔다. 아니, 매시간 부딪혔다. 언젠가는 학교에서 뛰다가 정면의 시멘트벽에 빠악, 소리가 노도록 부딪힌 뒤 나가떨어져서 띵, 뒷머리에 충격을 받았던 일도 있었다. 무슨 만화 속의 한 컷처럼 말이다. 내 앞뒤 머리에 큰 혹이 생겼던 감각이 지금도 생생하다. 또 한번은 정말 심하게 부딪혔는지 코에서 피가 철철 나고 멈추지 않아 병원까지 달려간 일도 있었다. 그때 내 코뼈가 살짝 비뚤어졌다고 들었는데, 지금도 육안으로는 잘 보이지 않지만 병원에서 엑스레이를 찍으면 보인다나.

그러고도 뛰는 걸 너무 좋아해서 어린 시절 살던 경기도 용인의 시골에서 동네 비장애인 친구들과 들판을 누볐다. 걔네가 막 자유로이 논밭을 뛰어다니니 나도 같이 뛰다가 그냥 거기 있는 모든 것에 다 부딪히고 다녔다. 지금도 내 무릎에 그때 다친 상처를 꿰맨 흉터가 커다랗게 남아 있다. 그때는 내가 앞을 잘 볼 수 없다는 건 알았지만, 무언가에 부딪히지 않으려면 조심해야 한다는 개념 자체가 없었던 것 같다.

그러나 그런 개념을 탑재한 다 자란 40대의 김예지도 항상 부딪힌다. 어른인 내가 가장 많이 부딪히는 건 길거리의 볼라드bollard, 그리고 실내의 가구 모서리다. 세상에는 예상치 못한 곳에 모서리를 지닌 지형지물이 참 많다. 피해서 간다고 애를 쓰긴 하는데, 급하고 부주의한 성격 탓인지 자주 부딪쳐서 정강이엔 퍼런 멍과 흉터 자국이 한가득이다. 내 몸, 못난 주인 때문에 참 고생이 많다.

이렇게 부딪힘은 내게 특별한 경험이 아니라, 그냥 삶 속의 자연스러운 의례와 같은 것이 되었다. 그러다 보니 고통에도 어느 정도 면역이 생겨버렸다. 나는 웬만한 고통을 잘 넘기는 편인 것 같다. 부딪힘이 너무 자주 반복되다 보니, 그 부딪힘 한번 한번을 너무 크게 의식하다 보면 내 삶에 지장을 끼칠 정도가 된 것이다.

:

동그란 것이 좋다

부딪힘의 경험이 내게 남긴 건 무엇이었을까? 우선 우리는 누구나 부딪힐 수 있는 존재라는 감각이었을 것이다. 내가 워낙 부딪히기 쉬운 사람인지라, 누군가와 부딪치면 무조건 "죄송합니다."부터 말하고 본다. 물리적인 시각이 없기 때문에 나의 잘못으로 상대와 부딪칠 가능성이 큰 게 사실이니 말이다.

나도 요즘 거리에서 핸드폰을 들여다보며 걷는 사람이 많아진 걸 체감한다. 앞을 안 보고 걷는 분들이 많은지 예전보다 더 많이 부딪히는 것도 사실이고, 예전과 달리 몸에 부딪히는 게 상대의 팔이나 핸드폰일 때가 참 많다.

물론 길을 걸을 때는 핸드폰을 보지 말아야 하는 건 맞지만,

내가 신체적 한계로 남과 잘 부딪치는 사람이다 보니 왠지 그 상황을 이해할 수 있을 것 같다. 또 부딪혔을 때의 그 충격과 당황스러움을 잘 아니 일단 상대가 딴짓을 하며 걷든 아니든 그가 겪어야 할 부정적인 감정이 먼저 이입된다. 그분의 안위를 위해서는 딴짓하며 걷는 게 잘못되었다고 말해야겠지만, 내가 눈이 보이지 않는 것처럼 그분들도 무슨 급한 일이나 반드시 휴대폰을 봐야 하는 상황이 있었을 수도 있지 않은가?

이렇게 말하니깐 주위 사람들은 웃으면서 그런 생각이 바로 에이블리즘ableism, 비장애인중심주의인 건 아니냐고 놀렸다! 나라고 왜 '비장애인의 시각에서 장애인을 바라보는 시선'을 함축한 에이블리즘의 맥락을 모르겠는가? 그러나 나는 정말 그렇게 생각한다. 그분들이 나와 부딪친 게 하나의 계기가 되었으면 좋겠다. 다른 이유로 어쩔 수 없이 부딪칠 수밖에 없는 사람이 있다는 걸 경험을 통해 이해하는 계기가 되었으면 좋겠다.

이건 아마 관용이라면 관용의 마음일 것이다. 나는 누구든 부딪쳤을 때 서로 이해할 수 있는 세상을 만들고 싶다. 우린 살면서 안 부딪칠 수가 없다. 서로 주의를 해야 하는 건 당연하지만, 내가 앞이 보이질 않아서 누군가와 더 쉽게 부딪치는 것처럼, 다른 사람의 상황을 다 알 수 없으니 자신과 부딪친 상내방을 너그러이 이해하려는 마음을 갖고 스스로를 돌아볼 수 있는 여유를 가졌으면 좋겠다.

그건 그렇고, 원고를 쓰기 위해 차분히 일상을 돌아보니, 나는 동그란 것을 참 좋아했다. 모서리가 없는 물체에선 편안함과 안정감을 느낀다. 모서리가 없으면 일단 다 환영이다. 동그란 형상 자체에 '배리어프리 barrier-free'의 면모가 배어들어 있지 않나. 내가 왜 시바견 인형이 붙은 동그란 지갑을 그렇게 오래 쓰며 아끼는지가 이제야 드러났다!

'들러리'는 이렇게 말한다

처음 인재영입으로 총선 후보가 되었을 때, 사람들이 내게 기대한 건 무엇이었을까? 언젠가 "사실 김예지를 처음 국회에서 보았을 때, 지금과 같은 행보를 기대한 사람은 거의 없었을 것"이라는 논조의 글을 읽은 적이 있다. 나는 지금도 잘 모르겠다. 지금의 나와 같은 행보란 무엇일까? 나는 해야 할 일을 했을 뿐인데, 왜 사람들은 그때의 나와 현재의 나를 다르게 생각할까?

사실 그때 사람들이 내게 가졌던 이미지가 무엇인지 모르는 바는 아니다. 사람들은 국회 안을 안내견과 돌아다니는 경쾌하고 발랄한 여성 시각장애인을 예상했을 것이다. 실제로 정당의 영입인재로서 비례대표 국회의원을 해보겠냐며 제안해주신 의원님은 첫 미팅 자리에서 "그냥 김예지 씨가 안내견과 국회를 돌아다니는 것만으로도 큰일을 하는 것이다."라고 말씀하시기도 했다. 나쁜 의도가 없는 말이었다는 것을 알고, 또 그분 덕분에 국회에 들어올 수 있었지만, 그때 그 말을 듣고선 역시 만감이 교차하지 않을 수 없었다.

그러니까, 우리 정치계는 솔직히 내게 국회의원으로서 바라는 것이 별로 없었던 것이다. 그저 이미지메이킹을 위한 존재, 적당한 구색 갖추기 용도라는 말씀이었을 텐데, 나는 시각장애인이고, 또 우리나라에서는 아직 극소수인 안내견과 함께 다니는 사람이니 나름 신기하기도 하고, 반려견 문화가 확산되고 있으니 동물을 좋아하는 사람들에게도 어느 정도 호감도 있을 것 같고, 그러니 뭐 그다지 유의미한 의정활동보다는 "국회도 우리 사회의 소수자에게 이 정도의 관용을 보여준다."라고 생색내며 적당히 들러리를 서다가 4년을 채우고 조용히 물러가는 역할을 제안받은 것이었다. 그건 장애인의 역할에 대한 대단히 편협하고 제한적인 말씀이기도 했지만, 동시에 아직도 많은 국민이 갖고 있는 장애인에 대한 냉소적인 관점이라는 걸 부정할 수 없다. 그리고, 나는 그것을 깨기 위하여 여기 왔다.

나는 내 갈 길을 간다

장애인 국회의원에게 많은 기대를 하지 않는 정도면, 그나마 다행이다. 어쩌면 기대하지 않는 걸 넘어서, 어떤 사람들은 내가 목소리를 내고 세상에서 주목받는 게 썩 달갑지 않았을지도 모른다.

그들의 논리는 아마 이런 게 아닐까. 대한민국을 위해 '큰일'을 해야 할 중요한 정치적 리더들이 있고, 이 정치판을 주도하는 그들의 말이 사람들에게 더 강력하고 잡음 없이 가닿아야 하며, 그러기 위해선 나처럼 '하찮은' 국회의원이 내는 '소수자의 목소리' 같은 건 적절히 조미료 정도만 사용되다가 쑥 빠져야 한다. 이처럼 훈수 어린 시선을 모르는 바 아니다.

많은 사람은 내가 정치판에서 그다지 중요하지 않다고 여긴다. 나와 같은 소수자가 나서서 장애인의 권리를 '지나치게' 외치는 것을 오버라고 생각하며, 그보다는 마치 바비인형처럼 생긋생긋 웃으면서 유순하고 미지근한 말을 할 것을 기대한다. 처음 국회에 들어왔을 때도 그런 식의 내리깔아보는 분위기가 있었고, 21대 국회가 끝나가는 지금도 다를 바 없다. 심지어 내가 우리 당의 최고위원으로 임명되자 전에 우리 당의 대표를 지냈던 사람은 "돌고 돌아 김예지에게 갔을 것"이라고 방송 인터뷰 중에 공개적으로 말하기도 했다.

돌고 돌아서 나에게 왔을 수도 있다. 그게 뭐 어떻단 말인가? 그런 식의 오만한 말로 나의 행보를 규정하든 말든 상관없다. 나는 내 갈 길을 갈 뿐이다.

조이와 함께

사람들이 안내견과 함께 다니는 시각장애인에 관해 기대하는 바가 있다고 적었는데, 이쯤에서 나는 '조이' 이야기를 하지 않을 수 없다. 2018년 3월 24일부터 나와 같이 사는 생명체, 여덟 살 노란색 래브라도리트리버 종인 조이는, 나의 눈이자, 친구이며, 가족이고, 내 신체의 일부다. 안내견들은 태어나자마자 안내견 학교에서 이름을 지어주는데, 기쁨이라는 뜻의 조이joy만큼 이 친구에게 잘 어울리는 이름이 또 있을까.

외동이어서 혼자 자랐던 나는 어린 시절 늘 동생처럼 곁에 있던 반려견에 대한 애착이 있었다. 안내견이 도입된 지 얼마 되지 않았던 2000년, 나는 '창조'라는 범상치 않은 이름을 가진 첫 번째 안내견을 만났다. 창조는 처음 만났을 때부터 정말 듬직했다. 언제나 당당했고, 씩씩했고, 나를 배려하며 든든하게 함께해주었다. 창조와 대학 시절을 함께하면서 내 활동 범위가 얼마나 넓어졌는지, 또 행복한 순간이 얼마나 많았는지 모른다. 같이 싸우기도 많이 싸웠다. 안내견을 거절하는 곳이 워낙 많았고, 안내견에 대한 에티켓을 지키지 않는 분들도 드물지 않았기 때문이다.

창조는 미국에서 긴 유학 생활을 함께하기엔 너무 나이가 많았다. 은퇴하여 좋은 가족 곁에서 노후를 보내기로 하고, 그다음 나와 함께한 친구는 '찬미'였다. 2009년에 만난 찬미는 '아름다움을 찬양한다'는 이름과 꼭 어울리게 음악성이 유난히 좋았다. 언제 곡이 시작되고 끝나는지를 정확히 알고, 심지어는 내가 실수하는 부분에서 반응할 정도였다. 찬미와 함께 다양한 연주회를 함께하면서 얼마나 많은 분들의 박수를 받았는지 모른다. 찬미와도 2018년까지 9년을 함께하고 은퇴했다. 반려견들은 보통 만 1.5~2세에 활동을 시작해 만 8~10세에 은퇴하고 노년을 편하게 보낼 수 있는 가정으로 입양된다.

조이는 대한민국 헌정사상 처음으로 국회 본회의장에 들어온 안내견이다. 2020년 4월 세간의 관심을 받고 논란이 됐던 것처럼, 그간 우리 국회는 회의 진행에 방해되는 물건을 본회의장에 반입해선 안 된다는 국회법 제148조를 근거로 본회의장 내 안내견 출입을 거부해 왔다. 시각장애인의 파트너를 '물건'으로 보는 건 당연히 말도 안 되는 처사이며, 장애인복지법을 만든 입법기관이 안내견 출입을 반대하는 일은 있을 수 없다. 사실상 이미 5월 29일 등원하기 전부터 나는 조이와 함께 국회 본청이나 소통관 등을 자유롭게 다니며 선대위 대변인 역할을 하고 있었기 때문에 그 논란이 다소 어리둥절하기도 했다. 국회 사무처는 결국 조이의 본회의장 출입을 허용했다.

카메라를 좋아하고, 자유로운 영혼을 지닌

본격적으로 국회 안에 위풍당당 발을 내디딘 조이의 인기는 폭발적이었다. 사람들은 조이에게 '비례대표 0번'이자 '국개대표'라는 별명을 붙여주고 많은 사랑을 보내주었다. 그때부터 지금까지, 어디를 가도 사람들은 나보다 조이를 먼저 알아보고 반겨주신다. 내가 누군지 알아도, 조이에게 훨씬 더 많은 관심을 보이면서 같이 사진을 찍고 싶어 한다. 심지어 조이는 나와 인사하려고 다가오는 분들께 자기가 먼저 냄새를 맡으며 인사하려는 습관도 있다. 워낙 자신감이 넘치면서 발랄한 성격을 가진 덕분이다.

조이는 일단 카메라를 좋아한다. 말을 안 듣다가도 카메라가

딱 오면 갑자기 정자세를 하고 늠름해진다. 카메라 앞에서는 행동거지 하나하나가 각이 잡히고, 집중을 더 잘하는 것처럼 느껴진다. 사람이 많은 곳에서 자기가 주목받는 것도 즐긴다.

또 익숙한 사람보다는 새로운 사람에게 관심받는 걸 좋아하고, 자기를 호의적으로 생각하는 사람인지 아닌지 단번에 알아챈다. 지위가 높은 사람에게서 관심받는 것을 좋아하는 건 놀라울 정도다. 예전에 현 대통령이 당선인이었던 시절 오찬 자리가 있었는데, 당선인이 푹신한 방석을 준비해두었다는 걸 알려주기도 전에 조이가 태연스럽게 거기 가서 앉아 모두가 웃었다.

안내견은 다 순종적일 거라고 생각할 수 있지만, 편견이다. 그들도 엄연한 생명체인 만큼 자기 나름의 개성과 고집이 있기 마련이다. 조이는 굉장히 자유로운 영혼을 지녔다. 조이는 안내견의 성격이라고 짐작되는 것들을 거부하는 스타일이다. 자기 주관이 뚜렷해서, 하고 싶지 않은 건 절대 하지 않는다. 손님이 와서 비켜달라고 하면 싫다는 것을 명백하게 표현하고, 산책할 때도 자기가 가고 싶은 곳이 있으면 거길 꼭 가야 한다. 원하지 않을 때는 함께 가기를 거부하기도 하고 원하는 무언가가 있을 때는 어떤 방법으로든 쟁취하려고 한다. 나는 고집 센 조이와 협상하는 게 자연스러운 일상이 됐다.

조이는 사람을 좋아하고 관심받는 걸 즐기는 사랑스러운 존재다. 가끔 주위에선 이 친구를 "조이 보좌관"이라고 부르는데, 나는 "보좌관이 저렇게 상전이면 일하기 힘들 거예요."라고 말해준다. 조이도 개로서 저 나름의 정치를 하고, 나도 인간으로서 내 나름의 정치를 한다. 나는 조이와 내가 많이 닮았다는 것을 잘 알고 있다.

강한 존재와 약한 존재

창조와 찬미, 그리고 조이까지…. 개와 함께한 시절은 어느덧 10여 년이 흘렀다. 이들에게서 내가 얼마나 많은 위로를 느끼고 도움을 받았을까.

동물은 내게 많은 생각을 던져준다. 사람과 동물의 권력 관계에 대해 이야기한다면, 역시 사람이 동물보단 더 강한 권력을 지닌 존재라고 할 수 있다. 개는 결국 사람의 말을 듣고 사람의 편의를 위해 행동하도록 훈련되어 있다. 그러나 인간과 개를 강한 존재와 약한 존재의 관계로만 바라보면 무언가 많은 것을 놓치게 될 것만 같다.

우리는 서로에게 적응하고, 관계를 맺으며, 서로 도움을 주고

받는 존재이다. 무조건 내가 받는 것도 아니고, 나도 안내견에게 많은 애정과 에너지를 쏟는다. (사실 조이에겐 받는 게 별로 없다! 얘는 워낙 사랑받는 걸 좋아해서 내가 더 많이 준다! 하하.) 그렇게 생명끼리 서로 교감하는 일에는 진정 다른 것으로 대체할 수 없는 밝고 풍성한 즐거움이 있다.

물론 안내견은 인간에게 도움을 주기 위해 엄격한 훈련을 거쳤지만, 이 친구들이 일부러 와서 '김예지의 길을 내가 안내하겠어'란 투철한 의지로 그것을 해주는 건 아니다. 그들은 나 같은 사람을 위해 다른 어느 개들보다 더 인간에게 적응해주었다. 인간의 룰을 익히고, 우리에게 도움을 주는 일에 자신을 맞춰주었다. 그럼 우리는? 우리도 그들을 아끼고 그들에게 매일 자기 시간을 내주어야 한다. 그러면 그들은 무한한 애정과 사랑으로 우리에게 보답해준다.

우리가 개를 사랑하는 이유는 그런 점에 있는 게 아닐까? 강한 것과 약한 것을 따지는 것도 필요하겠지만, 그 이전에 서로의 고유성이 이루는 하모니가 얼마나 아름답고 소중한지를 보여준다는 점에서 말이다. 이 친구들이 야생의 본성을 버렸다는 점에서, 그 조화로움은 역시 '인간적인 것'이라고도 말할 수 있겠다.

인간적인 것엔 언제나 참여자들의 동등한 노력과 배려가 수반되어야 한다. 인간적인 소통은 결코 일방적인 게 아니다. 보통 우리는 반려동물을 '기르는' 거라고 생각하지만, 내 생각은 다르다. 주인과 반려동물은 그저 '서로의 결을 내어주고', 하나의 공간을 함께 쓰는 관계일 뿐이다. 그렇게 자기다움을 지키고, 서로의 운명을 완성하면서 말이다.

조이는 내 말을 잘 따라준다. 그러나 나도 조이의 말을 따른다. 흐르는 음악의 앙상블처럼, 내가 주도하는 역할이 되기도 하고, 또 때로는 뒤에서 조이를 보조하는 역할을 하기도 한다. 내가 앞장서서 멜로디를 이끌어나가기도 하고, 때때로 조이를 위해 무대의 스포트라이트를 양보하기도 한다. 우리는 그렇게 하나의 작품과 시간을 만들어가고 있다.

:

피아노는 내게

내 인생은 피아노를 떨어뜨려 놓고 생각할 수 없을 것이다. 돌아보면 돌아볼수록, 음악과 함께한 시간은 내게 깊숙이 새겨져 있다. 나는 지금도 피아니스트의 정체성을 갖고 살아간다.

그 정체성의 핵심은 무엇일까? 거기엔 아마도 개별성이 지닌 아름다움이라고 이름 붙일 수 있지 않을까 싶다. 내가 피아니스트로서 어떤 곡을 치더라도, 그건 오직 나 김예지만의 연주가 된다. 같은 곡도 누가 치느냐에 따라 천차만별이다. 무슨 곡을 선택하더라도 나만의 주관적인 색깔, 고유성을 담아 연주할 수 있다. 어쩌면 세상의 모든 일이 다 마찬가지일지도 모른다. 이게 피아노가 알려준 가장 중요한 진실이다.

음악은 내 인생과는 떼려야 뗄 수 없는 어떤 것이다. 아주 어렸을 때부터 시력이 약했던 난, 라디오나 테이프, CD를 틀어놓고 동요부터 클래식 음악까지 뭐든 즐겨 들었다. 할머니는 내가 돌도 되지 않았던 무렵부터 슈베르트와 모짜르트의 자장가를 직접 불러주셨다고 한다. 나를 위해 마련해주신 실로폰과 멜로디언, 키보드 등의 악기도 많았다. 그래서 어른들에 따르면, 대여섯 살 정도부터 나는 동네 아주머니들의 트로트 반주자로 나서 멜로디언으로 〈비 내리는 영동교〉나 〈앵두나무 처녀〉 같은 곡을 연주했다나.

그러다가 집에 있던 작은 전자 피아노에 앉아 기억나는 멜로디를 치기 시작했고 거기에 반주까지 곁들였다. 집안도 썩 여유 있진 않아서 음악을 할 형편이 못 되었지만, 학교에서 진짜 피아노를 치면서 내 음악 인생이 시작되었다. 내 악기가 따로 필요 없이 학교 가면 그냥 칠 수 있는 것이 피아노였다. 할머니와 어머니는 내가 너무 피아노를 좋아하는 걸 썩 탐탁지 않게 생각했지만 내 고집으로 선택했다. 그렇게 초등학교 입학하면서 정식으로 선생님께 피아노를 배우기 시작했다. 나는 어릴 때부터 아주 고집쟁이였다.

그렇게 피아노로 대학을 갔다. 시각장애인이 대학 피아노과에 일반전형 수석 입학을 했다고 해서 당시 큰 화제가 되기도 했다. 누군가는 그런 이력을 보고 내가 불굴의 의지를 지닌 장애인이라고 생각했을 것이고, 당시에는 여러 언론에서 그렇게 포장이 되기도 했다. '인간 승리', '역경을 이겨낸 기적' 등의 찬사는 지금 다시 생각해도 민망하다. 나는 그런 말과는 어울리지 않는 사람이다. 그저 내가 할 수 있고, 잘할 수 있는 일에 매진했을 뿐이고 그건 장애가 있든 없든 상관없다. 눈이 보이지 않더라도 피아노는 잘 칠 수 있으니깐, 난 피아노를 열심히 쳤을 뿐이다.

조금씩 더 넓은 세계로

대학에 입학한 뒤 장애를 갖고 있다는 사실이 비로소 실감되기 시작했다. 비장애인인 교수님과 학생들은 친절과 배려를 베풀었지만, 그들에게 어쨌거나 나는 '신기한 장애인'으로 비칠 때가 많았을 것이다. 창조와 함께 학교 식당에 들어서면 비명 소리와 수군거림부터 들리던 시절이었으니.

그때만 해도 대학교 안에 장애학생지원센터조차 없었다. 읽어야 할 책이나 핸드아웃 자료가 생길 때마다 점자로 옮기기 위해서 지역의 복지관을 찾아야 했다. 학기 초에 책을 맡기면 학기가 다 끝날 때가 되어서야 찾을 수 있는 경우도 비일비재했다. 점자악보를 구하기 위해서 온갖 곳을 돌아다녀야 했고,

때로는 관련 인프라가 우리보다 훨씬 뛰어났던 일본에 메일을 보낸 뒤 몇 달을 기다리기도 했다. 이젠 우리도 악보 점역이 많이 발전했고 점역사도 늘어서 많은 양의 악보를 보유하고 있지만 2000년대 초반인 그때까진 지금과 상황이 많이 달랐다.

그건 마치 광활한 광야에서 자생을 강요받듯 막막한 기분이었다. 나는 초등학교부터 고등학교까지 특수학교인 국립서울맹학교를 다녔는데, 그래서 주위에는 나와 비슷하게 장애를 가졌거나 내게 도움을 줄 수 있는 사람들이 많았다. 시각장애인인 나를 위한 환경도 어느 정도 잘 구비되어 있었다. 나와 '다른' 사람들이 대다수인 환경은 처음이었고, 나는 4년 내내 부랴부랴 내가 속한 공간에 적응하기 위해 노력해야 했다.

그렇다고 좌절하고만 있을 것은 아니었다. 어차피 한번은 뚫어내야 한다는 생각으로 그 시절을 치열하게 살았다. 예나 지금이나 나는 현재 해야 할 일에 집중하고, 이 순간 할 수 있는 일에 몰두하는 편이다. 바꾸고 싶은 게 있고, 나중에라도 개선할 수 있다면, 그때 그걸 하면 된다. 대학 시절 악보 때문에 힘들었던 경험은 훗날 박사학위를 준비할 때 3D프린팅 기술을 활용한 형태촉각악보를 개발하는 계기가 되었다. 나는 3년여의 노력 끝에 기술 특허까지 얻어냈고, 이 기술은 국제 사회에 그 가치를 인정받아 2015년 영국 국제 컨퍼런스에도 소개됐다. 대학 시절의 고난이 씨앗이 되어 꽃을 피운 것이다.

어쩌다 보니, 참는 인생

누군가가 어떻게 그리도 많은 것을 하면서 사느냐고, 그렇게 살면 힘들지 않으냐고 나한테 묻는다면, 나는 참는 것이 습관처럼 되어버렸다고 답하지 않을 수 없다.

사실 나는 인생에서 별다른 '재미'를 느끼지 못하는 사람이다. 재미를 찾아서 살지 않고, 또 재미라는 감정이 익숙하지도 않다. 안타깝게도 내 일상에서는 '재미있다'는 감각이 느껴지는 일이 거의 없다. 동시에 지루하거나 따분하다는 감정도 별로 들지 않는다. 앞에서 말한 것처럼 하도 여기저기 부딪히고 다녀서인지, 신체적 고통과 각종 부정적인 감정을 참는 것에 익숙해진 탓이다. 나는 참는 것을 참는 거라고 생각조차 하지 않는 것 같다. 참는 건 그냥 내 일상이자 삶이 되어버렸다.

엄마에게 미안한 말이지만, 우리 엄마는 아직 아이였던 내게 너무 엄했다. 간호사였던 엄마가 내가 아플 때 해주시던 말의 내용은 주로 이런 것이었다. "이건 네게 이런 병리적인 상황이 일어난 것이고, 아픈 건 당연한 거니깐 그걸 아프다고 말하는 건 의미가 없다. 이럴 땐 이 약, 저럴 땐 저 약을 먹으면 된다. 그럼 나을 거야." 집안에서는 아프다, 슬프다, 고통스럽다, 힘들다 등과 같은 말을 할 수 있는 분위기가 아니었다. 나는 가족들에게 그런 말을 편안하게 할 수 없는 환경에서 자랐던 것이다.

그런 내게 남은 것은 재미보다는 의미였다. 지금도 내 삶 전반적으로 재미보다 의미를 훨씬 더 부여하는 쪽이다. 일이든 음악이든, 재미보다 의미가 먼저다. 그래서 인생의 잔잔한 여유가 없다. 거기다 나 자신만이 아니라 이 세상의 다른 누군가를 위해 일하려면 도저히 내 시간을 가질 새가 없다. 그래서 많이 바쁘고 쫓기는 삶을 사는 게 사실이다. 국회에 들어오고 난 뒤부터 늦은 밤 집에 들어가면, 나는 샤워만 겨우 끝마치고 그대로 침대 위에 곯아떨어졌다. 거의 하루도 예외 없이.

:

나의 할머니

내가 왜 이렇게 인내와 극기克己의 태도를 갖게 되었는지를 따지고 들면, 엄마보다도 먼저 할머니의 얼굴이 떠오르지 않을 수 없다.

외할머니는 내게 실로 커다란 인물이었다. 내가 태어난 용인에는 특수학교가 없었기 때문에 나는 일찍이 할머니와 둘이서 서울 종로로 나와 단둘이 살게 되었다. 할머니는 나의 보호자였고, 양육자였고, 통제자였으며, 마치 신과 같은 존재였다. 따뜻하고 편안한 사람이라기보다는 언제나 굉장히 조심스럽고, 뭐든 잘하는 모습을 보여드려야 했던 그런 존재였다. 매일 아침 할머니가 빗으로 내 머리를 곱게 빗겨줄 때조차도 나는 할머니가 무서웠다.

1931년에 태어난 할머니는 북한 평양에서 아주 귀하고 부유한 집안의 자제로 자라났다고 한다. 김일성종합대학에 들어가서 공부하셨을 만큼 수재이기도 했다. 그런데 할머니의 집안은 역사의 풍파 속에서 재산을 모두 몰수당하고 아주 풍비박산이 나버렸다고 한다. 거기다가 한국전쟁이 터져, 할머니는 대학을 졸업도 하지 못하고 본인의 아버지와 함께 피난길에 올라야 했다. 병환 중인 외증조할아버지를 부축해서 강을 건너오다가 빠져 죽을 뻔했다는 이야기를, 어릴 때부터 집안 어른들에게 전설처럼 엿들었다.

할머니는 남쪽으로 내려와 잠시 서울에 머물다가 할머니 오빠의 친구였던 외할아버지를 만나 결혼했다. 두 분은 경기도 수원에 정착하신 뒤 1970년대부터 1980년대에 걸쳐 유니폼 의류 제작 사업을 했다. 몸이 약한 할아버지가 일찍 돌아가셨으니 그 시절에 할머니 혼자 사업을 꾸리시기가 정말 힘드셨을 것이다. 다행히 사업은 꽤 성공적이었다고 한다. 내가 일곱 살 무렵이었을까, 할머니와 할아버지의 작업장 안에서 쪽가위로 실밥을 정리하던 일, 그때 드르르 돌아가던 재봉틀 소리가 지금도 생생하다. 쪽가위는 내가 가장 먼저 가지고 놀았던 장난감 중 하나였다. 작은 실밥은 눈에 보이지 않았지만 나는 가위를 들고 그것을 열심히 정리했다.

나를 잘 안아주시고 과자도 자주 사주시면서 칭찬도 즐겨했던 다정한 할아버지와 달리, 할머니는 마치 강철과 같은 사람이었다. 할머니는 절대로 인형 같은 것을 사주지 않았고, 군것질도 허용되지 않았다. 예쁜 인형을 갖고 싶어 하는 내게 할머니는 "너는 그런 거 가질 나이가 지났다."라고 못을 박았는데, 난 그때 여섯 살이었다. 내 주위 친구들은 그때 다 그 인형을 가지고 있었다. 그렇지만 나는 할머니께 차마 더 말을 꺼낼 수조차 없었다.

할머니는 장애에 대한 차별은 딱히 없으셨던 것 같다. "너는 장애가 있으니 무엇무엇을 할 수 없다. 포기해라."와 같은 말을 한 번도 들어본 적이 없다. 대신에 무진장 성과를 중시하셨고, 공부를 잘하라고 엄중하게 닦달하셨다. (할머니야말로 능력주의의 진정한 추종자셨다!) "다른 애들은 열 장 읽을 때 너는 한 장 읽는다. 너는 같은 시간에 10분의 1밖에 못 배우는 거야. 그럼 어떻게 해야 하지?" 이렇게 물으면 나는 기계처럼 "열 배는 더 노력해야 합니다." 소리를 한껏 높여 대답하곤 했다. 그렇게 난 할머니께 오랜 세월 세뇌 아닌 세뇌를 받고 성장했다.

나를 향한 할머니의 열정은 엄청났다. 나는 초등학교 고학년 때까진 아주 큰 글씨는 볼 수 있었다. 할머니는 나를 위해 산수 문제집의 한 문제를 빈 공책 한 장에 큼지막하게 채워서 적어주셨다. 그런 페이지 몇 장이 내게 주어졌고, 나는 그걸 다 풀고 검사를 받은 뒤에야 잠들 수 있었다. 중학교에 들어가서 내가 눈이 완전히 보이지 않게 되자 크게 써주시는 걸 읽는 것도 불가능해졌다. 할머니는 점자를 모르시니, 그때부턴 말로 들려주시는 방식을 선택하셨다. "들어라." 이러고선 수학 문제를 하나하나 천천히 직접 낭독하신 것이다. 나는 그걸 듣고 문제를 풀어야 했는데, 학년이 올라가고 문제가 복잡해지자 할머니는 그만 그 방식도 포기해버리시고 말았다.

할머니는 남들이 하는 건 나도 다 해야 한다고 믿으셨다. 왜 그렇게까지 열심이셨는지는 모르겠지만, 내가 뭐든지 배우고, 뭐든지 잘해야 한다는 신념에 충실하셨다. 초등학교 3학년 때 서울 종로구에서 강동구 고덕동까지 수영을 배우러 다닐 수 있던 것도 할머니의 성화 덕분이었다. 내가 피아노 학원을 보내달라고 했을 때도 할머니는 선뜻 내 손을 끌고 이 학원 저 학원을 알아보러 다녔다. 어느 학원에서 "안 보이는 애는 가르칠 수 없어요."라는 말을 듣고 나왔을 때, "여기 안 되면 다른 데를 알아보면 되지, 뭐 학원이 여기밖에 없냐?" 나한테 거리에서 이렇게 말씀하시던 그 순간도 기억난다.

할머니는 심지어 나를 속셈 학원까지 보내려고 하셨다. 학원 선생님에게 "얘는 이러저러하게 가르치면 됩니다."라고 세세히 설명하셨지만, 역시 학원은 일대일 수업이 힘들고 칠판과 문제집이 안 보이면 안 되는지라 나를 받아줄 순 없었다. 그러자 그때부터 본인이 산수 문제를 직접 적어주기 시작한 것이다.

나는 기억한다

손녀가 눈이 보이든 말든 '너는 최선을 다해야 한다'라고 밀어붙이셨던 굳센 할머니 덕분일까. 나는 앞이 보이지 않아서 느껴지는 불편함을 그렇게 많이 의식하지 않고 살아간다. 장애는 장애대로 나의 일부분일 뿐이며, 나는 지금 이 상황과 환경 속에서 무언가를 더 잘해낼 수 있다. 나는 어쨌거나 최선을 다하고 잘해내야 한다. '이거는 이거고, 그건 그거다'라는 마음가짐이랄까.

무언가를 읽고 싶을 때 신속하게 읽지 못하고 그러니 정보의 빠른 습득도 힘들다는 건 참 답답하고 불편하다. 그래도 그 때문에 외부의 정보를 섬세하고 집중력 있게 다루는 능력은 제법 발달했다고 생각한다. 사람들과의 회의 중에 여러 복잡한 화제에서 말의 타래가 꼬인 순간, 나는 다른 분들에게 "여기까지 하다가 끊겼고, 우린 이 부분에 대해서 이야기해야 합니다."라고 정확히 지적할 수 있다. 법안 개정안이나 자료들을 읽는 데는 꽤 오랜 시간이 걸리지만, 쭉 읽다가 수정하고 보완해야 할 부분들을 짚어내는 데는 익숙하다. 지금 내 앞에서 말을 이어가는 이가 보여주는 작은 감정의 조각들을 예민하게 캐치하는 것에도 자신 있고, 상대가 지난번에 했던 말도 꽤 잘 기억하는 편이라서 '굿 리스너'의 자질도 조금은 갖추었다고 생각한다.

무엇보다도, 기억하는 일은 나의 중요한 습관이자 능력이 되었다. 꼭 기억력이 월등하다는 게 아니라, 기억하는 일이 그저 자연스럽게 생활화되어 있다. 외우는 습관이 들어야 내 몸이 덜 피곤하고, 최소한의 생활이 가능하다. 나는 어디를 가도 보폭과 걸음 수에 따라서 일단 그 공간을 파악하고, 그곳을 기억한다. 화장실의 샴푸와 린스, 바디워시와 폼클렌징 같은 것들은 병의 생김새가 비슷할 때가 많다. 난 그 촉감으로 느껴지는 다른 성질을 외우고 있어야 한다. 길을 다닐 때도 마찬가지다. 조이와 함께 다니더라도 조이가 길을 찾아주는 역할까진 하진 않으므로 교차로와 신호, 길의 블록 개수, 곳곳의 랜드마크 위치나 어느 길목 빵집에서 풍겨지는 빵 냄새 같은 걸 모두 외우고 있어야 한다.

피아노를 칠 때도 그렇다. 보통 시각장애가 없는 분들은 악보를 초견初見한 뒤, 그 악보를 보면서 계속 친다. 그게 익숙해질 때까지 반복하다가 최후의 순간에 외운다. 나는 다르다. 난 일단 외워야 한다. 마치 익숙하게 가는 길은 눈을 감았을 때도 머릿속에 보인다고 하듯이, 음표의 흐름을 차곡차곡 외워서 내 안에 소리의 지도를 마련한다. 그러고 나서야 연습을 시작할 수 있다. 외워놓지 않으면 연습이 불가능하니, 언제나 외우는 게 먼저다. 외우는 게 곧 나의 삶이다.

'장드립'을 치는 마음

나는 장애와 관련된 농담에도 열려 있는 편인 것 같다. 나의 캐릭터, 내가 가진 당연한 정체성으로 세상에 스며드는 일에 마음을 닫지 않으려고 한다. 그런 유머는 사람들이 갖는 저마다의 관점을 투영하기도 하고, 또 내가 세상에 다가가는 좋은 방편이 되기도 한다. 그래서 나도 종종 요긴하게 활용한다.

눈치를 보지 말고 뭔가를 말해야 하는 순간이 있다. 누구나 가끔은 일부러 눈치 없이 굴고 싶은 순간이 있지 않나? 나는 후딱 해야 할 말들을 해치우고 나서, 웃으면서 "제가 안 보여서 눈치가 없나 봐요."라고 능청을 떤다.

눈치란 '눈으로 보는 센스'를 가리키는 것일 텐데, 뭐 눈이 보여도 눈치 없는 사람이 있다는 건 우리가 잘 아는 사실이니깐. 같은 맥락에서 "눈에 뵈는 게 없다"라는 말도 들을수록 재미있다. 나는 역시 '눈에 뵈는 게 없어서' 이렇게 막 나가는 걸까?

과거 조선시대에는 시각장애인이 관직에 임명될 때 '봉사'라는 직책을 받았다고 한다. 그 의미가 확장되어 봉사는 시각장애인을 가리키는 말이 됐고, 지금은 쓰이지 않는다. 현재 이 말은 누군가를 돕다volunteer라는 의미로만 활용되는데, 나와 친구들은 "봉사가 하는 봉사가 참봉사야."라는 드립을 자주 치기도 한다.

이렇게 장애인만 할 수 있는 장애 드립을 줄여 우리는 '장드립'이라고 일컫는다. 그냥 우리들끼리의 용어다. 어떤 정체성이든 강점이 될 수도 있고, 약점이 될 수 있다. 그게 인간 사는 세상의 자연스러운 이치라고 하니, 우린 웬만하면 너무 심각해지지 말고 무엇에 대해서든 함께 웃을 수 있으면 좋을 것이다. (물론 당사자가 아닌 경우의 사용은 금한다. 받아들일 마음의 준비가 되어 있지 않은 누군가에게는 혐오 표현이 될 수 있으니깐.) '장드립'은 우리만 과감하게 사용할 수 있는 우리의 웃음 무기다!

'오죽하면'이라는 잔인한 말

이렇게 말한다고 해서, 장애라는 정체성을 가볍게 웃으면서 '쿨하게' 생각할 수 있고, 누군가의 장애를 '언제나 긍정적으로' 넘길 수 있으리라 여기는 독자들은 없을 것이다. 장애인의 삶은 절대 녹록지 않다. 장애인과 가족으로 함께 사는 일도 힘겹지만, 자신이 장애를 짊어지고 평생을 살아가야 하는 당사자는 비할 수 없이 더 힘들다.

우리 엄마도 내가 중학생 때 "너 죽고 나 죽자."라는 말씀을 하신 적이 있다. 아마도 장애인을 키운다는 무게감에 짓눌려 계시다가 어느 순간 폭발했던 것이리라. 그때 나는 내 무릎 위의 생채기처럼, 영원히 씻을 수 없는 마음의 상처를 받은 채

"내 인생은 나의 것이고, 그 끝은 내가 결정하겠습니다."라고 말씀드렸다. 내가 가장 믿고 의지할 수밖에 없는 존재에게 "같이 죽자"라는 말을 듣는 기분은 참혹하다는 말로도 충분하지 않았다.

나는 그때 엄마에게 말대꾸라도 할 수 있었다. 그러나 지금도 1년에 수십여 명이나 부모에 의해 살해당하고 있는 발달·중증 장애인들은 그 말조차 할 수 없었을 것이다. 내 주위에는 부모에게 "너 죽고 나 죽자"라는 말을 들어보지 않은 장애인이 없다. 거의 모든 장애인의 경험이 다 비슷할 것이다.

이런 사안 앞에서 부모가 오죽하면 그랬을까라는 식의 관점을 절대 가지면 안 된다. 그건 완전히 틀린 관점이니깐. 부모의 절절한 심정은 절절한 심정이고, 살인은 살인이다. 어떤 상황에도 살인은 '이해'나 '공감'의 대상이 되어서는 안 된다. 일단 '동반자살' 같은 말부터 하루빨리 없어져야 한다.

결국 목소리조차 내지 못하고 죽어야만 했던 이들은, 살아서도 죽어서도 타자화된 채 말이 없다. 나는 장애인 부모님들의 입장도 충분히 이해하고 있지만, 그분들이 말하는 '준비된 가해자', '잠재적 가해자'와 구호는 매우 우려스럽다. 그런 말은 장애인을 민폐를 끼치는 사람, 주변을 힘들게 하는 사람으로 은연중에 낙인을 찍어버린다. 상황에 따라 언제든 피해를 당할 수 있는 인간으로 전락시킨다. 그것은 인간의 존엄함에 결코 어울리지 않는 말이다.

부모는 신이 아니다

장애 당사자로서 말한다면, 우리의 존엄은 그 누구도 챙겨주지 않는다. 가장 가까운 사람이더라도 챙겨줄 수 없다. 우리 스스로가 챙겨야 한다. 그리고 우린 모두가 자신의 존엄을 스스로 챙길 수 있는 세상을 지향해야 한다.

우리 사회는 워낙 가족중심적인 측면이 강해서, 정책적으로나 문화적으로나 '개인'보다는 '가족'에 초점을 맞추는 경우가 무척 많다. 그런 관점을 근원적으로 바꿔나가야 한다. 언제나 초점을 당사자 개인에게 맞추어야 한다. 가족은 예나 지금이나 자라나는 한 사람의 사회화를 담당하는 가장 중요한 소집단이지만, 그 소속 구성원이 성인이 된 후엔 전적으로 본인의 주체적인 결정에 따라야 한다. 그런 자립적 주체성에 조금 더 포커스가 맞춰져야 한다.

성인으로서의 자기결정권이 모든 것의 시작이 되어야 하는 것이다. 인간의 생애주기에 따라 가족의 역할은 변해야 하며, 가족이 결코 한 개인의 행복을 모두 책임질 수 없다는 것을 우리 사회는 조금 더 시급히 인정해야 한다. 가족의 상황은 굉장히 다변적일 수밖에 없고, 가족이 없는 사람도 있으며, 모든 가족이 다 개별 구성원에게 좋은 영향을 준다고 보기는 어렵다. 그러므로 개인의 자립과 독립이 기본이다.

그러기 위해서는 돌봄에 대한 우리 사회의 가치관이 근본적으로 뒤바뀌어야 한다. 돌봄을 오직 가정의 일이라고 여기는 데서 나아가 사회 시스템에 적절히 재분배해야 한다. 돌봄 종사자들이 얼마나 중요한 일을 하는지에 관해서도 인식을 제고할 필요도 있고, 또 그 일이 한 사람의 존엄한 삶을 위해 얼마나 중대한지를 사회적으로 되새길 필요도 있다. 이것은 결코 장애인을 돌보는 부분에만 해당하는 '급진적인' 이야기가 아니다. 초고령화 사회에서 앞으로 점점 늘어나게 될 노인들은 누가 돌볼 것인가? 초저출생 시대에 아이들을 키우는 일을 오로지 부모에게만 맡겨둘 것인가, 아니면 우리 사회가 다 같이 그 일에 동참할 것인가?

나도 가족으로부터 뜨거운 사랑을 받았고, 지금도 가족은 나를 지탱하는 중요한 한 부분이다. 그렇지만 가족은, 부모는 신神이 아니다. 그들이 신이 아니라는 것, 그들 또한 가족 바깥의 지지와 지원을 필요로 하는 한 인간이라는 것을 인정했을 때, 우리는 그들을, 그들은 우리를 더 사랑할 수 있다.

나는 달린다

나는 운동을 좋아한다. 초등학생 시절 할머니 손에 이끌려 배우게 된 수영부터 시작해, 어릴 때부터 마라톤과 사이클, 스키와 사격 등등 많은 운동을 직접 해보았다. 어린 시절부터 체력도 제법 좋았던 것 같고, 참는 데는 이골이 나 있다. 2020년 전국 장애인 동계체육대회 여자 크로스컨트리스키 부문에서 은메달, 바이애슬론에서 동메달을 따기도 했다. 그래서 사람들이 나를 '스포츠인'으로 불러주어도 그리 민망하지 않다.

미국에서 유학할 때는 전문적으로 운동을 하는 친구에게 웨이트트레이닝을 배워보기도 했고, 몇 년 전에는 요가도 배웠다. 요가는 그렇게 오래 배우진 못했다. 주로 1:1, 때로는 2:2로 일주일에 한 번씩 교육을 받다가 선생님의 출산으로 인해 몇 달 만에 멈추어야 했는데, 하다 보면 확실히 내 마음도 조금은 편안해졌다. 그때 배운 걸 바탕으로 지금도 종종 유튜브에서 요가 콘텐츠를 틀어두고 따라하기도 한다.

지난해 오랜만에 수영이 다시 하고 싶어져 내가 갈 수 있는 곳을 알아보았다. 그러나 내가 수영을 체계적으로 배울 수 있는 체육시설이나 선생님은 찾기 힘들었고, 결국 집 가까운 곳에선 찾지 못해 다른 동네까지 꽤 많은 시간을 들여 이동해야 했다. 30년 전이나 지금이나 다를 바가 거의 없었던 것이다. 그러니 내가 국회에서 힘을 쏟는 다양한 방면의 장애인 체육활동 지원사업은 바로 나 자신의 삶을 위한 것이기도 하다. 언제쯤이면 우리가 비장애인들처럼 집에서 가까운 센터에 느긋하게 걸어가 운동을 즐길 수 있는 날이 올까?

어쨌든 누군가는 건강을 위해서, 또 누군가는 즐거움을 위해서 운동하겠지만, 나는 역시 운동에서도 의미를 더 좇는 편이다. 나는 운동에서 느껴지는 '자신의 한계를 깬다'는 감각, 그 짜릿한 성취감이 참 좋다.

그런 운동에는 역시 마라톤만한 게 없다. 대학생 때 창조와 함께 처음 10km 완주해보았고, 2021년부터는 한 해에 두세 번씩 꼭 마라톤을 뛴다. 시각장애인들의 달리기 모임에 참여하고 비시각장애인 가이드러너guide runner와 일주일에 한 번씩 훈련한 지도 벌써 2년째다. 아직은 초보 단계라 중간에 걸을 때도 있지만, 그래도 걷다가 다시 뛰면 된다. 완전히 멈추지만 않으면 된다.

2023년 5월 고구려마라톤 대회에서는 중간에 심하게 넘어져서 다리에 피가 철철 흘렀던 일이 있었다. 꿰매기 일보 직전이었던 그 상처의 흉터가 지금도 손에 느껴진다. 그때 입었던 레깅스는 완전히 찢어지고 피로 얼룩져서 버려야 했다. 그래도 나는 밴드를 덧대어 붙인 뒤 다시 뛰기로 결정했다. 내 가이드러너와 주위 사람들이 독하다면서 혀를 내둘렀다. 뭐 부러진 것도 아닌데, 멈출 땐 멈추더라도 그냥 일단은 계속 가보는 게 뭐 어때서? 나는 여기 뛰러 왔으니깐!

내 가이드러너가 보내준 글

여기까지 쓰고 보니, 마라톤을 뛸 때 함께 뛰어주는 가이드러너에게 너무 민폐를 끼치는 건 아닌지 궁금해졌다. 그 분은 어떤 마음에서 나와 함께 달려주고 있는 걸까? 비장애인의 입장에서 시각장애인과 함께 달릴 때는 무슨 생각을 할까? 나는 그분에게 아무 도움도 드리지 못하면서 도움만 받고 있는 거라면 조금 죄송스러운데….

그래서 한번 물어보았다. 꼭 대회뿐만이 아니라 평소에도 함께 훈련하며 내게 마라톤의 기초를 차근차근 알려주고, 함께 달려주는 홍산 선생님에게 문자를 보냈다. "제가 마라톤에 대한 이야기를 쓰는 중인데요. 제 가이드러너로 달릴 땐 어떤 기분이

드세요? 저와 같이 운동하는 게 쌤에겐 어떤 의미인가요?" 서울대 산업공학과에서 박사과정을 밟고 있는 홍쌤은, 며칠 뒤 긴 글로 답해주었다. 여기에 그 글을 옮겨본다.

김예지 선생님은 나를 운동하게 한다. 왜냐면 김쌤이 운동을 너무 '잘하기' 때문이다. 나는 한 시간 김쌤을 가르치기 위해 세 시간 이상 고민하며 운동하는 날들이 많아졌다. 내가 더 많이 달려보고, 내 페이스를 잘 조절해야 김예지를 적절하게 가이드할 수 있다. 내가 그를 운동하게 한 만큼 그도 나를 운동하게 하며, 나는 그 과정이 즐겁다. 김쌤의 근성을 바라보는 일도 놀라운 경험이다. 입으로는 "힘들어요, 못하겠어요."라고 말하지만 그의 몸은 해내고 만다. 안 될 것 같던 팔굽혀펴기도, 다리가 풀려버릴 것 같은 스쿼트도 결국 어떻게든 해낸다. 10km 마라톤 코스 중 절반 지점에서 넘어져 레깅스가 다 찢어지고 피가 철철 났을 때도 그는 다시 일어나서 완주했다.

나는 숨이 턱 끝까지 차오를 때까지 운동하는 김쌤을 본다. 운동하는 김쌤은 한국어의 풍부한 표현과 어휘들로도 다 담을 수 없을 만큼 끝장나게 멋진 사람이다. 나는 김쌤이 의원실에서 어떤 의사결정을 내리는지를 다 알지는 못하지만, 그래도 그 결정들은 끝장나게 멋지고 건강한 몸과 마음으로부터 나온 것이라는 믿음이 있다. 김쌤의 이런 모습을 보고 있으면, 나도 저 멋진 사람에게 더 재미있는 운동을 더 많이 알려주기 위해 운동화를 신고 밖으로 나가게 된다. 나는 그와 선생님이라는 호칭으로 서로를 호명하지만, 쭈글쭈글 주름이 생길 때까지 좋은 친구로 지내고 싶기 때문이다. 끝장나게 멋지고 건강한 김쌤과 계속 친구를 하기 위해선 나도 그만큼은 멋지고 건강해야 할 테니, 오늘도 나는 김쌤과 더 오래, 재미있게 달리기 위해 운동한다.

얼굴에 닿는 바람을 느끼며

초등학생 때는 스키 타는 것을 참 좋아했는데, 중학생 때 트라우마가 생겨버렸다. 그야말로 엄청난 트라우마가 내게 드리워졌다. 그날의 '사건' 때문이다.

중학생 때 선배 언니와 함께 스키 캠프를 갔다. 보통 대학생 특수체육학과나 생활체육학과 선생님들이 오셔서 시각장애인들을 가르쳐주고 도와주는데, 선생님들은 그날 언니와 내가 어느 정도 중급 코스를 탈 수 있게 되니 한번 상급자 코스에 도전해보자고 우리를 데려갔다. 언니를 담당하는 선생님은 여자였고, 나를 담당하는 선생님은 남자였다. 우리 네 사람은 리프트를 타고 상급자 코스 정상에 도착했다.

그런데 두 선생님이 '썸'을 타고 있었던 게 문제였다. 나와 언니는 둘의 관계를 적당히 눈치채고 있었다. 정상에서 둘은 꽁냥꽁냥한 분위기를 풍기면서 같이 내려가 버렸다. 언니는 다행히 두 사람을 따라서 내려갈 수 있었는데, 나는 그들의 출발을 놓쳐 혼자 덩그러니 남겨졌다. 나는 상급자 코스의 경사로에서 무작정 한 시간 반을 기다려야 했다. A자의 부동자세를 하고, 추위에 벌벌 떨면서 말이다.

한 시간 반이 지나자 더는 기다릴 수 없었다. 너무 춥고 다리도 아팠다. 나는 넘어지고 또 넘어지면서 거의 구르다시피 그 코스를 내려왔다. 너무 무서웠고, 너무 아팠다. 지금도 스키라는 말만 들으면 그때 그 순간부터 생각이 난다. 혼자 그 위에 서서 떨었던 시간은 정말이지 기억에서 지우고 싶다. 지금 이렇게 적으면서도 다시 떠올리기가 무서운 기억이다.

나는 이후 스키를 멀리했는데, 2019년 내가 탠덤사이클에서 기록을 내는 걸 본 코치님이 스키로 동계 전국체전에 나가자고 권하는 것이 아닌가? 경사를 내려오는 건 죽어도 하기 싫다고 말하자, 체전의 종목 중엔 자기 코스를 직접 올라갔다가 내려가는 크로스컨트리도 있다고 말씀해주셨다. 그래서 이 운동을 해보니, 경사도 그리 크지 않고 내가 올라가고 내려가는 걸 통제

할 수 있으니 누구한테 버려진다는 생각도 확실히 덜 들었다. 나는 트라우마를 이겨내고 크로스컨트리에 도전하여 메달도 딸 수 있었다.

이제 알파인 스키의 속도감을 누릴 순 없지만, 내게는 사이클이 있다. 탠덤사이클은 장애인과 비장애인이 하나의 자전거를 타는 운동이다. 비장애인이 앞에서 파일럿 역할을 해주면, 우리는 그와 호흡을 맞추고 나아간다. 나는 탠덤바이크를 탈 때 얼굴에 닿는 바람이 참 시원하고 좋다. 물론 그 순간은 잠깐이고 줄곧 페달을 밟는 건 정말이지 힘든 일이다. 바람이 순탄하게 불어주어서 그걸 타고 가면 좋겠지만, 대개는 그렇지 않고 내가 가는 방향과는 반대 방향으로 불곤 해서 머리가 다 뒤집어지고 난리도 아니다.

그래도 내 얼굴을 때리던 바람이 그리워질 때가 많다. 나는 자세를 고쳐 잡고, 그 바람을 가르고 간다. 나는 바람을 맞으면서 앞으로 나아가는 일을 멈추지 않는다.

Ⅱ.

내 몸을 물결에 맡기고

“난 그저 내가 좋아하는 일을 한 것이고 시각장애가 그 일을 하는 데에 그야말로 장애가 된 것은 아니기 때문이다. 보이지 않기 때문에 겪어야 하는 불편함은 감수해야 할 일이지 그것 때문에 삶을 투정하거나 포기하는 것은 있을 수 없는 일이니까.”

— 『피아노 앞에서 아름다운 피아니스트 김예지』(도서출판 숫대, 2017) 중에서

“제 삶에도 아마 여러 가지 어려움이 있었을 거예요. 제가 어려움이라고 일부러 말하지 않았더라도요. 그래도 저는 ‘이만하면 됐지’라는 생각에 사로잡혀 저 자신을 단정하거나 좌절하진 않았어요. 어떤 일이든 좀 더 도전해보고 싶고, 좀 더 노력해보고 싶고, 좀 더 발전해보고 싶은 마음을 가지고 있는 점이랄까. 그런 점 하나는 스스로에게 칭찬해줄 만한 것 같아요.”

— 《국회방송》 ‘인터뷰릴레이 칭찬’ 중에서 (2020. 8. 4.)

꿈속에서 나는

아직 시력을 완전히 잃지 않았던 시절, 나는 햇볕이 없는 시간, 특히 어슴푸레한 저녁에는 웬만큼 앞이 잘 보였다. 신기하게도 햇볕이 없는 장소에선 앞을 볼 수 있었고, 햇볕이 있으면 전혀 보이지 않았다. 그래서 그랬던 걸까. 어릴 땐 꿈에서도 그런 세상만 보였다. 늘 내가 보기 딱 좋았던 조도의 광경이 꿈에서 펼쳐졌던 것이다.

시력이 없는 지금은, 꿈속에서도 소리만 난다. 나는 꿈을 꾸며 청각과 촉감만을 느낀다. 앞은 현실처럼 캄캄하다.

내 꿈에는 특징이 있다. 나는 꿈에서 엄청나게 잘 날아다닌다. 또 나는 꿈에서 인간이 아닌 다른 존재가 되어 있다. 내가 사람의 형태로 꿈에 나오는 일은 거의 없다. 날개가 있는 생명체가 되어 있거나, 내가 좋아하는 동글동글한 인형의 형태일 때도 많다. 공이 되어 있을 때도 있다. 그런 인간 아닌 모양새로 하늘을 붕붕 떠다니거나, 물속을 헤엄치거나, 수면을 가르면서 훨훨 이동한다.

내가 꾸는 꿈이 대부분 이런 식이다. 그리고 꿈에서 땅을 걷는 일은 드물다. 왠지는 모르겠지만, 내 꿈에는 물이 자주 등장하고, 물과 뭍을 자유롭게 넘나든다. 내 꿈에는 사람도 잘 안 나오는데, 그래서 나는 주로 동물들과 대화한다. 코알라나 펭귄, 치타, 강아지, 고양이, 돼지…. 걔네들이 인간의 말을 하는지, 내가 동물들의 말을 하는지는 모르겠으나, 우리가 다 소통이 가능하다. 이게 너무 샤머니즘적으로 느껴질지 모르겠지만, 꿈에서는 무엇이든 가능하다니깐 너무 심각하게 듣지 말아 주셨으면 좋겠다.

나는 무엇에든 부딪히면서 걷는 것이 이제 그리 불편하지 않다고 적었지만, 그건 여전히 내 바람에 가까운 건 아니었을까. 사실 걸으면서 뭔가에 부딪히는 일이 많이 힘들었던 건 아니었을까. 의식적으로는 부정하고 있더라도, 눈으로 볼 수 없는 걸림돌과 턱과 장애물이 많은 현실은 역시 내가 원하는 세상은 아니었나 보다. 나는 꿈에서 자유를 느끼며 날아다닌다. 장애물들을 피할 필요도 없이. 하늘 위를 높이, 높이.

삶은 알 수 없이 흘러가는 것

눈으로 볼 수 없다는 것이 삶에 어떤 무게를 지니는지 묻는 분들이 종종 계신다. 모두 엄청난 무게란 것을 알면서도 내 입으로 듣고 싶어서 물어보시는 것이리라.

그 무게감이란, 당연히 절박할 만큼 크다. 눈이 보이는 사람들은 쉽게 상상하기 힘들 만큼. 그렇지만 그 무게감을 의식하면서 살고 있지는 않다. 나는 시각장애라는 정체성이 그저 나의 일부이고, 내가 극복하거나 변화시킬 수 없는 것이라는 사실을 안다. 나는 내가 바꿀 수 있는 일에 집중하리라고 다짐했다. 아니, 다짐까지도 아니고 그냥 자연스럽게 그런 쪽으로 살게 됐다. 갑자기 눈이 보이지 않게 되었다면 조금 달랐을지 몰라도, 나는 아주 어릴 때부터 이 정체성에 익숙해져 있으니.

누구에게나 인생은 알 수 없이 흘러가게 마련이다. 삶은 누군가가 의도치 않은 방향으로 움직이며, 앞서 1부에서 적었던 수많은 경험이 여기, 이 순간의 나를 만들었다. 내가 지금 이렇게 살고 있을 줄은 그 누가 알 수 있었을까?

10대 시절, 중·고등학교에 다니던 나는 지금과 많이 달랐다. 그때는 내 삶을 사는 게 바빴던 사람에 가까웠다. 나는 뭐든 열심히 배웠고, 치열하게 해냈다. 특수학교에선 원하든 원치 않든 안마와 지압, 침 등의 이료理療 교육을 받아야 하는데, 나는 진로가 달랐지만 그것도 소홀히 하지 않고 악착같이 배웠다. 내신 성적도 나쁘지 않았고, 수능 준비도 열심히 했고, 피아노 연습에도 힘을 쏟았다.

그래서 내 옆의 친구들을 더 적극적으로 챙기지 못했다. 직접 나서서 무슨 일을 벌이거나 친구들과 교감하는 일을 조심스럽고 두려워했다. 나는 조금 소심한 편에 가까웠다. 그렇다고 아예 아무것도 하지 않은 건 아니었다. 학교에서 일이 있을 때 앞에 나서서 문제를 제기하기보단, 뒤에서 돕고 숨어서 힘을 싣는 쪽을 선택했다. 그때도 글을 쓰는 걸 제법 좋아했던지, 공식적인 입장문이나 성명서 같은 걸 써야 할 땐 그 일을 내가 맡았다.

나는 기숙사 생활을 하지 않았지만, 내가 다녔던 국립서울맹학교는 기숙학교다 보니 특히 급식의 질이 워낙 중요했다. 언젠가 그 질이 도저히 먹을 수 없는 지경이 되어버려 개선해야 한다는 학생들의 요구가 모아졌다. 그게 학생들이 떼쓴다는 식으로 받아들여지면 안 되니, 학교 측에 공식적으로 항의를 해야겠다 싶어 학교의 대표단이 모여 교장실로 찾아간 적이 있다. 그때 그 입장문을 내가 쓰고, 교장실엔 다른 친구들이 방문했다.

고등학생 때는 학생자치회 부회장을 맡기도 했지만, 왠지 남들 앞에 나서는 건 부담스럽고 두려웠다. 나는 교내 행사나 축제 때도 마이크를 쥐어본 적이 거의 없다. 그중에서도 음악에 관련된 일이 있으면 자질구레한 일을 뒤에서 돕고, 연락을 돌리고, 콘셉트를 잡거나 일정을 짜는 게 더 좋았다.

모색의 시기

대학에 들어간 후 연주 활동을 하고 관객들을 만나면서 조금씩 마음이 열렸다. 아무래도 시각장애인이 일반전형으로 피아노과에 입학해서 활동한다는 사실 때문인지, 많은 매체와 인터뷰도 하고, 또 다양한 곳으로부터 초청받아 청중을 대상으로 연주하는 기회를 가질 수 있었다. 그러다 보니 학교나 문화예술기관에선 내게 연주와 캐주얼한 강연이 결합된 자리를 마련해주기도 했다.

당시까지만 해도 우리 사회의 안내견에 대한 인식이 너무 안 좋아서, 그때 내 안내견이었던 창조와 함께 그걸 개선하는 역할을 많이 했다. 청중들이 내 연주와 함께 창조를 만나니 굉장한 시너지가 나는 듯했다. "얘 좀 보세요. 연주할 때 굉장히 얌전하지 않나요? 어린 아이들은 제가 연주할 때 5분도 못 앉아 있고 뛰쳐나가기 쉽죠. 창조는 그러지 않아요. 안내견은 사람과 살기 위해 다 약속을 나눈 친구들이고, 지킬 건 지키는 존재랍니다." 나는 창조에게 넋이 나간 관객들에게 이렇게 말씀드렸다.

여러모로 주목을 받고 인기는 있었지만, 그렇다고 내가 국제 콩쿠르를 휩쓴다든지 유수의 권위 있는 상을 받는다든지 하는 식의, 말하자면 피아니스트로서의 명성을 지닌 건 아니었다. 선택의 순간이 다가오고 있었다. '그렇다면 나는 이제 대학을 졸업하고 유학을 가야 하나?' 고민을 거듭했다. 나는 다른 사람들에 비해 음악을 조금 늦게 시작하기도 했고, 주위에 나를 이끌어줄 음악계의 인맥 같은 것이 있는 것도 아니어서 콩쿠르를 준비하는 과정이 여러모로 녹록지 않을 것 같다는 두려움이 있었다. 나는 그게 아니라도 벽이 있는 사람인데, '벽 플러스 벽'은 너무 가혹한 건 아닌가? 이렇듯 현실적인 벽이 높게 느껴진다면 역시 안 하는 게 맞겠다는 생각이 들었다. 나는 다른 길을 모색하기 시작했다.

대학 졸업 후 3년간은 연주의 길에서 벗어나려고 다양한 일을 경험해보았다. 복지관에 가서 아이들도 가르치고. 그 시대의

CDMA 전화기에 들어가는 해외수출용 링톤이나 벨소리도 만들어 팔았다. 행사장이나 연회장에 가서 한두 시간 반주하고 돈을 받는 단기 아르바이트도 자주 했다. 이때는 나 홀로 지하철을 타고 서울 여기저기를 참 많이 다녔었다. 지하철로 가기 힘든 상황도 드물지 않아 택시비로 돈도 참 많이 썼다. 그 3년여는 내가 어디에도 소속되지 않고 사회의 삭막함, 차가움을 처음 경험해본 시간이었다.

그래도 꾸준히 나를 찾아주고, 연주와 강연 자리를 마련해준 곳들이 끊이질 않았다. 불러주는 데가 있으니 이왕이면 실력을 쌓아보자고 생각했다. 연주도 연주지만, 오직 연주만을 목적으로 한 연주가 아니라, 뭔가 좀 더 나은 세상을 만들고 사회의 편견을 깨기 위해서 메시지를 전달하는 역할을 해보자는 생각이 들기 시작했다. 무엇이 편견이고 무엇을 개선해야 하는지 끊임없이 목소리를 내는 것이 내 몫일 수 있겠다는 생각이 그때 처음 구체화되었다. 그리고 나는 유학길에 올랐다.

대통령상을 주는 자리에서도

20대 시절, 모두가 나를 환영해주는 기분 좋은 장면만 연출된 건 아니었다. 2004년, 나는 대학을 졸업한 뒤 청와대에 초청을 받아 '21세기를 이끌어갈 우수인재상'이라는 명예대통령상을 받기로 예정되어 있었다. 첫 번째 안내견인 창조와 함께 청와대 건물 안으로 들어가려고 하자 어떤 직원분이 "개는 안 된다."라고 날 막아 세웠다. 내가 "얘는 이러이러한 일을 하는 개고, 보건복지부 장관의 인증을 받은 특수목적견이다."라고 설명했다. 그런데 내 설명이 먹히질 않고 계속 안 된다는 말만 돌아왔다.

나는 안내견을 들어오지 말라고 하는 청와대에서는 상을 받지 않겠다고 그대로 자릴 박차고 나왔다. 그러자 당시에 아마도 꽤 고위급으로 보이는 관료들 몇 분이 오셔서 내 말을 듣고는 자기들끼리 회의를 좀 해보겠단다. 그러곤 얼마 뒤에 돌아와 내게 창조와 같이 들어오라고 말했다. 그래서 나는 대통령과 함께 식사하면서 상도 받고, 연주도 하고 돌아왔다. 나도 그 정도의 배짱은 가지고 있었다.

나는 경쟁에서 남을 이기고 싶어 하거나 부러워하는 마음, 내가 주인공이 되어야겠다는 욕심 같은 게 별로 없다. 그래서 어릴 때부터 할머니가 "예지야, 너는 왜 그렇게 승부욕이 없냐."며 많이 안타까워하셨다.

그런데 연주를 하러 무대에 오를 때는 조금 다른 기분이 들었다. 나는 무대에서 누군가의 안내를 받아서 가는 걸 어릴 때부터 싫어했다. 시각장애인들은 보통 누군가가 앞장서면 한 발짝 뒤에서 그의 팔을 잡고 따라가는데, 무대 위에서까지 그처럼 누군가에게 리드를 당하는 모습을 청중에게 보여주기 싫었다. 나는 내 혼자만의 힘으로 피아노 앞에 서고 싶었다. 연주자는 무대에선 오로지 자신의 캐릭터와 예술적인 고유성만을 마음껏 보여주어야 하는 사람이라고 생각했기 때문이다.

열몇 살 때까지는 할머니가 나를 끌고 올라가기도 했지만, 조금 더 큰 뒤에 전문 연주자로 활동을 할 땐 동선을 미리 익혀두고 안내견의 도움을 받아 언제나 혼자 무대에 올랐다. 오케스트라와의 협연일 경우 협연자들이 많으면 무대가 좁아서 위험할 수 있다. 그럴 때면 지휘하시는 분과 같이 등장했다.

2005년이었을까, 청와대에서와 비슷한 일이 또 있었다. 서울 예술의전당 콘서트홀에서 연주회가 마련되어 당일에 드레스를 입고 도착했다. 그런데 무대감독이 나와서 생전 처음 보는 고집을 부렸다. 안내견이 무대에 올라가는 일은 있을 수도 없고, 있어서도 안 된다는 것이었다. 그래서 내가 "그럼 좋다. 내가 연주 안 하겠다." 하고 강력하게 응수했고, 창조를 데리고 뒤도 보지 않고 돌아나왔다. 사람들이 또 난리가 났다. 결국 창조는 나와 함께 무대에 오를 수 있었다.

청와대도 그렇고 예술의전당도 그렇고, 당시 나는 어딘가에서 출입을 거부당한다는 것에 대한 알레르기가 있었다. 그때는 참 여러 곳에서 쫓겨났다. 그런데 심지어는 내가 대통령상을 받는 자리에서도, 연주회의 주인공으로 초청받은 자리에서도 안내견 때문에 날 들일 수 없다니, 나는 분노할 수밖에 없었다.

나는 그때 세상을 변하게 만들겠다는 의지가 투철했다. "법보다 주먹이 먼저"라는 말도 있듯, 내가 마주친 세상에선 당위성과 법보다는 "그냥 무조건 싫다"가 이기는 일이 너무 많았다. 그런 상황들은 내가 법에 대해 처음으로 근본적인 의문을 품게 된 계기가 됐다. 나는 '신고'와 '법'과 '차별' 같은 말들을 여기저기서 참 많이 외치고 다녔다. 피아노 연주도 나의 몫이지만, 그러면서 이런 것들도 반드시 바꿔나가야겠다는 생각이 점점 더 강력해졌다.

앤처럼, 주디처럼

그래도 나는 안 좋은 일이 있으면 빨리 극복하고, 그 상황에서 해야 할 일을 찾는 성격에 가깝다. 그래서 어릴 때부터 『빨간머리 앤』의 앤을 닮았다는 이야기를 주위에서 많이 들었다. 이 만화의 앤을 보면 내가 생각난다는 얘기였다. 앤이라면 역시 현실에서 무엇이든 긍정적으로 해치우고, 언제나 예측 불가능하게 행동하고, 낭만적으로 현실 너머를 추구하고 상상하는 캐릭터라고 할 수 있을까?

사실 내가 그 정도는 아니라고 생각하지만, 나도 『빨간머리 앤』을 참 좋아했다. 얼마 전엔 넷플릭스에서 리메이크된 실사판 작품도 봤다. 넷플릭스의 화면해설 시스템은 참으로 뛰어나다.

나는 우리 사회의 화면해설 서비스를 적극적으로 확대하는 일에 최선을 다해왔고, 이 문제를 다룬 화면해설작가들의 직업적 에세이 『눈에 선하게』(2022년 10월 출간)를 꼼꼼하게 읽고 추천사를 쓰기도 했다. 우리나라의 방송사와 OTT 관계자들은 더 분발해야 한다.

앤만 좋아했던 건 아니다. 『키다리 아저씨』의 주디도 떠오른다. 고아원에서 힘겨운 나날을 보내야 했지만, 언제나 당차고 밝게 현실을 꿋꿋이 개척해나가던 주디 애벗도 난 참 좋아했다. 앤도 주디도 그 어떤 힘든 상황 속에서든 현재를 즐기고 거기에서 행복을 찾아내는 능력이 있다. 그들은 사랑과 기쁨과 슬픔과 고통 모두 자기 삶의 행복이 될 수 있다는 걸 알려준다. 우리가 운명과 맞설 용기만 갖고 있다면!

내 마음속에는 분명 굉장히 이상적이고 동화적인 걸 추구하는 감성이 남아 있는 것 같다. 확실히 유치하다면 유치한 감성이다. 어쩌면 내가 추구하는 이상과 현실이 너무 달라서, 이 현실에서 벗어나고 싶은 걸까? 어쨌든 순수하고 진실한 마음으로 살아가는 캐릭터를 보면 언제나 힐링이 된다.

그리고 이건 주위 사람들에겐 비밀이었는데, 난 지금도 동요를 정말 좋아한다. 동요를 듣는 그 시간만큼은 마음이 맑아지고 치유받는 느낌이 된다. 아주 옛날 동요보다는 1990년대와 2000년대의 창작 동요들을 주로 즐겨 듣는다. 〈마음이 이슬처럼〉, 〈봄날의 꽃잎과 하늘의 구름처럼〉, 〈친구가 되는 멋진 방법〉 등등…. 지금 내 플레이리스트에서 바로 찾을 수 있는 곡들이다. 이 노래들은 멜로디도 멜로디지만, 자연과 인간에 대해서 굉장히 시적이고 아름답게 풀어내는 노랫말도 참 좋다.

어린아이들이 좋아하는 책이나 노래의 메시지는 단순하지만 힘이 세다. "현실에 안주하지 마라", "꿈을 크게 가져라", "운명을 받아들일 용기를 가져라" 같은 문장은 다 순진하리만큼 당연한 말들이지만, 어른이 된 우리는 삶에 치인 채 그 당연함을 쉽게 잊는다. 나는 어린 시절의 책들에서 읽은 그 말들을 진심으로 믿었고, 나도 앤과 주디처럼 살겠다고 굳게 다짐했다. 사실 내 마음은 지금까지도 그 시절 그대로인지 모른다.

나의 클라라는 누구인가

모든 국회의원들이 자신의 업적을 자랑한다. 나도 그런 욕망에서 썩 자유롭지 못할지도 모른다. 그러나 나는 그저 내가 해야 할 일을 했을 뿐이다. 어쨌든 국민의 세금으로 월급을 받는다는 것, 국민을 대표하는 한 사람으로 일한다는 건 굉장한 심적 부담이 아닐 수 없다. '장애인 국회의원은 개와 같이 다니는 정도면 충분해' 같은 눈높이에 맞추면 내 몸이 편하겠지만, 이렇듯 공적인 자리에 있는 사람은 그러면 안 되는 것 아닌가?

그래서 나는 잠을 잘 때와 아플 때를 제외하고는 거의 언제나 사무실에 나와 일만 했다고 자신한다. 내가 2020년부터 대표발의한 법안 개수로 따지면 모든 국회의원 중에서 열 손가락 안에 드는데, 이런 걸 굳이 생색낼 필요는 없을 것이다. 그저 해야 할 일을 했을 뿐이니깐 말이다.

나는 국회의원 개개인은 애써 유명세를 치를 필요가 없다고 생각하는 사람이다. 우리는 국회의원 누구와 누구가 어울리고, 누가 누구에게 막말을 하거나 소리를 질렀다는 뉴스 같은 것을 자주 접하지만, 내게 그런 건 전혀 중요하지 않다. 모든 일은 본질을 벗어나선 안 된다. 어느 국회의원의 내용적인 본질은 그가 발의하는 법안과 정책, 예산안에 다 있다. 사람들에게 어필해야 할 것도 국회의원 본인의 활동보단 바로 그런 '일'의 알맹이가 되어야 할 것이다.

나는 2023년 7월 17일 제헌절 경축식에서 슈만의 〈헌정Widmung〉이라는 곡을 연주했다. 이날 행사의 음악감독님은 원래 다른 곡을 제안했는데, 그분을 설득해서 이 곡을 선정했다. 조금 낯 뜨거운 말일지 몰라도, 나는 국민과 국가를 위해서 나를 바치는, 즉 '헌정하는' 마음을 담아야겠다고 생각했다. 그리고 그런 마음가짐을 새기면서 이날 연주에 집중했다.

이 노래는 슈만이 자신이 사랑하는 클라라에게 바친 것인데, 본래는 노랫말이 있는 가곡이었다. 가사가 아주 절절하다. "그대는 나의 영혼, 그대는 내 심장, 그대는 나의 기쁨, 오 그대는 내 고통이여…." 슈만은 클라라를 향해 온갖 미사여구를 써가면서 '당신이 나의 모든 것'이라고 노래하고 있는 것이다.

나도 조금은 진지하게 말하고 싶다. 슈만에게 클라라가 그랬듯, 여기 입법기관에 국민의 대표로 온 사람에게 국민이 전부가 아니라면 과연 무엇이 전부란 말인가? 우리는 '국민이 나의 모든 것'이라고 말할 수 있어야 마땅하지 않을까? 이걸 너무 이상적인 말이라고 할 수도 있겠지만, 나는 계속 이상을 따라서 사는 사람이 되겠다. 내게는 지금도 앤과 주디의 피가 흐른다!

어느 팀에도 속하지 못한 사람들

우리에게는 누구나 자기를 둘러싼 어항이 있고, 나 역시 아직은 내 어항에서 완전히 벗어나진 못했다. 장애와 비장애를 떠나서 어느 집단에 완전히 스며들지 못하는 사람, 조금 독특한 사람, 남들과 다른 것을 추구하는 사람은 따돌림 아닌 따돌림을 당하기도 쉽고, 고립되고 외로운 사람으로 머무를 가능성이 크다.

나 자신이 그동안 그렇게 살아왔다. 지금도 그렇다고 생각한다. 어디 계파나 파벌 같은 곳에 속해서 회합한다거나, 흥청망청 술 마시며 어울린다거나, 상대 집단 혹은 내부의 구성원을 향해 뒷담화하며 결속을 다진다거나…. 난 그런 네트워크나 모임에 참여한 적이 한 번도 없다. 내가 그런 걸 원하지도 않고, 누가 날 불러주지도 않는다. 그런 현실에 대해서 안타까워하지도 않는다.

대신 그걸 안 하는 것 때문에 주어지는 기회와 시간을 이용해서 내가 반드시 해야 할 일, 내 힘이 필요한 일들을 찾아냈다. 동료들은 나를 찾지 않았지만, 그래서 내게는 크고 힘 있는 집단에서 다루지 못했던 정책이나 법안, 현재 문제가 된 이슈들을 다룰 기회가 생긴 것이다. 그렇게 내 할 일을 하면서 여기까지 왔다.

우리 사회엔 어느 팀에도 소속되지 못한 사람들이 있다. 시력과 청력을 잃고 세상과의 소통이 단절된 시청각장애인도 그런 이들이라고 할 수 있다. 그리고 그들을 대의하는 일에는 여기서 그나마 내가 심리적으로, 물리적으로 가장 가까운 사람일 것이리라. 나는 다른 사람들과 어울릴 시간에 시청각장애인들과 소통할 수 있는 점화와 촉수어, 손바닥 필담을 익히고 그들을 만나러 갈 준비를 했다. 여러 차례 그분들이 계신 센터들을 찾아 민원을 듣고 대화를 나누었다.

나도 머리로는 알고 있었지만 새삼 몸으로 실감할 수 있던 건, 그들은 정말로 말하고 싶어 한다는 것이었다. 그분들은 바깥세상과 말을 나누고 싶어 한다. 아무도 그들의 말을 제대로 들으려 하지 않고, 세상은 그들의 이야기에 그다지 주목하고 있지 않더라도, 그분들에게는 분명 강한 소통의 욕망이 있었다.

그들의 말을 듣기 위해서는 이중삼중 통역이 필요하다. 내가 가도 일대일 대화는 힘들고, 누군가가 중간에 통역해주지 않으면 안 된다. 또 같은 시청각장애인이더라도 의사소통의 방법과 통역을 받는 방법은 각자 다 다르다. 시력을 먼저 잃은 분들은 점자에 더 익숙하고, 청력을 먼저 잃은 분들은 수어에 익숙하다. 아직 잔존시력이나 잔존청력이 남아 있는 경우도, 그 시각과 청각 장애가 선천적이었는지 후천적이었는지도, 그리고 시력과 청력 중에서 무엇을 먼저 잃었는지도 세심하게 고려해야 한다.

즉, 우리 사회에서 흔히 '중복장애인'으로만 칭해지는 그들에겐 지금보다 훨씬 더 개별적인 지원방안이 필요하며, 아직 우리 사회에는 그런 방면의 제도적인 기반이 거의 마련되어 있지 않은 게 엄연한 현실이다. 나는 다른 어떤 스피커를 통해서가 아니라 그분들이 직접 전달하는 목소리를 대변하려 분주히 노력했고, 이런 고민의 결실을 「시청각장애인 관련 복지진흥 및 지원에 관한 법률」 제정안에 담아냈다. 다큐멘터리 〈달팽이의 별〉

의 주인공이자 대한민국 최초로 시청각장애인으로서 박사학위를 취득한 조영찬 씨는 "시청각장애인에게는 우주의 모든 게 의사소통 방법이 될 수 있다."라고 말했다. 나는 그 소통의 도구들을 여전히 다 알지 못해도, 인간과 인간이 서로의 마음을 나누는 일의 신비와 경외감은 내게도 깊은 울림으로 다가왔다. 우리는 계속 서로를 향해서 더 나아가야 하리라. 우주의 모든 것을 활용해서라도.

앞으로도 나는 '계파'와 '인맥' 같은 것에 연연하지 않을 것이다. 그런 걸 따질 시간에 누구에게도 목소리를 전하기 쉽지 않은 사람들을 찾아가리라. 내가 여기 온 건 이 팀에도 저 팀에도 못 들어가는 사람이 어딘가에 존재하기 때문이며, 내가 가장 앞장서서 대변해야 할 목소리는 그들의 것이라는 사실을 잘 알고 있다. 나 역시 어느 팀에도 속하지 않은 사람이다. 그게 나를 움직이게 만드는 가장 근원적인 힘인 것이다.

자긍심이 중요한 이유

스스로를 인정한다는 것은 자신의 정체성과 주위 환경을 무조건 긍정적으로 생각하는 게 아니다. 그것은 긍정과 부정 너머에서 자신의 '의미'를 자기 자신이 만들어 나간다는 것을 가리킨다. 앞에서 내가 국회 안에서 일하고 있는 나, 김예지의 의미를 내 나름으로 찾아냈듯이.

나는 나의 취약함을 멈춰서서 바라보는 대신, 나의 취약함 바로 거기에서부터 출발한다. 나는 앞이 보이지 않지만, 내가 볼 수 없다는 것에 얽매이지 않는다. 최대한 얽매이지 않으려 노력한다. '안 보여서 어떡하지?'라는 생각에 갇히면 더 보고 싶어지는 게 인지상정이다. 그러면 불필요하고 소모적인 바람이나 콤

플렉스, 혹은 자책이라는 감정이 생긴다. 있는 그대로의 자기 자신을 인정하지 못하기 때문이다. 그러면 금방 지쳐버린다.

나는 이 지점에서 자긍심을 강조하고 싶다. 이것은 장애 정체성과도 맞닿아 있는 개념이지만, 지금 무력감을 느끼거나 영혼이 소진되었다고 여기는 모든 이들에게도 이 마음을 권하려고 한다. 우리 사회는 스스로에게 자부심을 느끼고, 자기 자신을 기쁘게 긍정하는 정서가 왜 그렇게 부족한 걸까? 자꾸만 주위와 비교하면서 스스로를 미워할까?

나는 당신이 어떤 상황에서든 무력감을 느끼지 않았으면 좋겠다. 삶이 힘들고, 너무 지쳐 있는가? 나는 그것을 밝은 마음으로 축하부터 하자고 당신에게 말해주고 싶다. 괜한 소리가 아니다. 열심히 살지 않는 사람에겐 번아웃이 오지 않는다. 당신이 과부하 상태가 되었다는 건 당신 삶의 자리에서 힘껏 버티고, 무언가를 치열하게 해냈다는 증거다. 그 증거가 바로 당신 삶의 중요한 의미가 되어줄 것이다.

그러니 자축하고, 그 상태를 즐겨보자. 안간힘을 그만 쓰고 진정 스스로에 대해 자긍심을 가져보자. 그런 마음을 토대로 당신은 다시 나아갈 것이고, 또 그런 자긍심이 있어야만 옆에서 힘겨워하는 누군가가 보일 수 있다.

오멜라스를 떠나는 사람들

그러고 나서 당신이 어딘가로 도망쳐야겠다는 생각이 든다면, 어서 도망치길 권한다. 어느 드라마 제목처럼 '도망치는 건 부끄럽지만 도움이 된다.' 당신이 잠깐 어느 장소를 벗어날 필요가 있다고 느낄 때는, 빨리 도망치기를. 당신의 자아가 그 공간을 힘들어하고, 그 공간에서 발버둥 치는 게 무의미하다고 느껴지고, 좀 더 멀리 떨어져서 거리를 두는 게 필요하다고 느껴진다면 주저하지 말고 어서 발을 떼기를.

이 넓은 세상에는 정말 다양한 방식으로 살아가는 사람이 많지만, 보통 사람들은 자기 주위 환경을 익숙하게 생각하고 그것이 세계의 전부처럼 생각하기 때문에 그 세계 안에 젖어 들기가 쉽다. 그 안은 대개 아늑하고 편안하다. 아늑한 곳에 있다 보면 나른해진다. 움직이기가 싫어진다.

그런데 만약 당신이 어슐러 K. 르 귄이 쓴 단편소설 「오멜라스를 떠나는 사람들」의 몇몇 청년들처럼 그 안을 떠나고 싶다면, 나는 언제나 나가보라고 권한다. 사회도, 사람도 계기를 마련하는 게 중요하다. 그리고 요즘 많이 쓰는 말처럼, "고민은 주문만 늦출 뿐"이다. 뭐든 간에 고민할 시간을 아끼고 시작부터 하는 편이 낫다고, 나는 생각한다.

다만 한 가지 짚어두고 싶은 게 있다. 그런 과정에서 내 자아에서 잠시 벗어나 자신을 객관적으로 관찰하려는 자세는 중요하다. 나를 제3자의 관점에서 들여다보는 일은 내 한계와 가능성, 단점과 장점을 명확하게 보는 일과 연결되기 때문이다. 도망을 가더라도, 일단 나 자신을 똑바로 알고 도망가야 한다. 자신의 진짜 모습을 모르고 계속 도망만 가면 훗날 저 먼 어딘가에서 서성이다가 끝내 되돌아올 수 없게 될지도 모른다.

당신에게는 당신만의 강점이 있다. 그것을 어떻게 발견할 수 있을까? 내 경우엔 다양한 '표본조사'(어릴 때부터 내 생각에 이렇게 이름을 붙여두었다)를 통해 나를 진정으로 북돋워 주는지를 파악해 보는 방법을 선택했다. 한두 가지의 일만 해보아서는 자신이 뭘 잘하고 뭘 못하는지 잘 모른다. 어디에서든 새로운 것에 대한 도전이 중요한 이유다. 나는 공부했고, 연주했고, 장애인 전국체전에 선수로도 나가보았고, 박사과정 때 모두를 위한 입체악보 개발에 도전했고, 조향사가 되기 위한 공부도 해보았고, 또 향기 제품을 제작하는 스타트업을 해보려 준비하기도 했다. 어떤 때는 실패했지만, 어떤 때는 나 자신을 새로이 발견했다.

그러니 주위의 다른 이들과 당신 자신을 비교하지 말기를. 당신 가까이의 당신과 닮은 사람들은 새로운 영감의 에너지가 될 수 없다는 걸 깨닫고, 스스로를 최대한 여러 환경에 노출해보기를. 여기서는 결코 할 수 없는 다채로운 경험을 쌓아보기를. 여기 아닌 그 바깥 세상에서 당신의 부족했던 점을 되돌아보고 그걸 끊임없이 고쳐나가기를. 거기서 다른 누구의 것도 아닌 당신만의 삶을 찾아가기를. 내가 그러기 위해 노력했듯, 당신도 그럴 수 있기를.

스스로를 조율한다는 것

이렇게 자기 삶을 판단하는 기준만 내 자신 안에 있다면, 모든 것은 잘 돌아갈 것이다. 남들을 의식하면서 자신이 지금 어디에 와있는지를 걱정할 필요는 없다. 지금 자신의 위치에서 노력할 수 있는 원동력을 찾고, 그걸 꽉 움켜쥔 채 거기서부터 주체적으로 나아가면 된다. 내 기준을 다른 누군가가 아닌 내가 정하기만 하면 된다.

그건 마치 자기 안의 평균율을 마련하는 것이랄까. 서양음악에선 평균율이 생기면서 악기의 음을 표준음에 맞추어 고르는 일, 즉 현대적인 의미의 조율이 등장했다. 많은 악기들은 이러한 조율의 과정을 거치면서 이후 발전을 거듭할 수 있었다. 완벽하진 않고 여러 단점도 있지만, 그래도 평균율을 기반으로 음의 비율을 약속하는 하나의 체계가 완성된 것이다.

자연 속의 악기는 언제든 유동적이게 마련이다. 춥고 건조하면 현의 길이가 짧아져서 음의 높이는 올라가고, 덥고 습해지면 현이 늘어나서 음의 높이가 내려간다. 자연에는 정해진 음, 불변하는 음이 없다. 다 조금씩은 다르고, 조금씩은 어긋나 있다.

그처럼 내 안에도 당신 안에도 수많은 캐릭터성과 능력치 같은 것들이 복잡하게 어우러져 있으리라. 그런 것들을 자신의 평균율에 따라 균형 있게 조율할 수 있다면, 우리의 음악은 거기서부터 시작될 것이다. 그리고 나와 당신의 음악은 언제나 아름다울 것이다. 우리에겐 자신이 정해둔 굳건한 자기 기준이 있으니깐.

시간이 지남에 따라 나라는 악기가 조율의 상태에서 벗어나는 건 두려워하지 않아도 된다. 시간과 환경이 달라지며 내 안의 내가 유연하게 변하는 일은 그 자체로 자연스러운 것이다. 다시 조율되어 있던 음으로 돌아오려고 애쓰기만 하면 된다. 나도 스스로를 조율하는 일에 게으름을 부리면서 내 안의 현 하나하나가 음 바깥으로 벗어나 있는 것을 느낄 때가 많다. 자신을 조율하는 일은 살아 있는 한 멈출 수 없기에, 우린 그저 조금 더 부지런을 떨어야 할 따름이다.

천진난만한 슬픔

평균율과 조율을 이야기하니 내가 가장 좋아하는 두 작곡가, 슈베르트와 모차르트가 떠오른다.

두 사람의 음악을 한마디로 표현한다면, '자연스럽고 꾸밈이 없는 것'이라고 본다. 너무 꾸밈이 없어 경탄스러울 정도다. 둘은 어렵고 괴로운 삶을 살았지만, 그들의 인생은 자신들의 음악 안에서 깨끗하게 승화되어 있는 것 같다. 기쁠 때 들어도, 슬플 때 들어도, 어떤 희로애락의 감정 속에서 들어도 그들의 음악 안에서 내가 잠겨있는 바로 그 감정을 발견한다. 음악을 들으면 들을수록 거울처럼 투명하게 내 감정이 비치는 느낌이다.

슈베르트의 그 많은 작품 중에서도 〈즉흥곡〉은 내가 다른 이들에게 가장 추천하는 곡이다. 〈즉흥곡〉은 네 곡씩 두 세트를 이루며 총 8곡으로 구성되는데, 나는 이 곡은 들을 때마다 인생의 사계절, 감정의 삼라만상, 혹은 한 인간의 생애주기와 같다는 생각이 든다. 모차르트는 어떨까. 워낙 엄청난 작품들이 많고 나는 그의 모든 곡을 사랑하지만, 내가 피아니스트여서 그런지 그의 〈피아노 소나타〉에 제일 애착이 간다.

슈베르트는 악보를 그릴 종이가 없어서 남이 쓰다가 찢어진 종이 귀퉁이에 그릴 정도로 힘든 삶을 살아야 했다. 모차르트의 순탄치 않은 인생이야 워낙 유명하다. 천재였던 어린 모차르트는 아버지의 손에 이끌려 다섯 살 때부터 이 나라 저 나라를 오가면서 무리하게 연주 활동을 해야 했다. 어른이 된 뒤의 삶도, 사랑도, 음악적인 커리어도 불행한 편에 가까웠다.

그러나 둘은 자기 인생의 어려움을 통과하면서 그로부터 가장 아름다운 것을 창조했다. 그 어려운 상황 속에서도 자기 안의 가장 긍정적인 것을 끌어내고 영감으로 삼아 모든 것을 초월하는 작품을 만들어냈다. 초월했지만, 어떤 의미에선 초월하지 않았다. 그들이 겪어야 했던 삶의 고통은 다 그 들의 음악 안에 절절하게 배어 있다.

두 사람이 자기 곡에 어찌나 그 고통을 숨기지 않았는지, 듣고 있노라면 내가 다 서글플 정도다. 그들은 정말로 천진난만한 사람들이었다. 음악으로 자신의 모든 걸 남김없이 보여주는 사람들이었다.

정중하고 솔직한 사람

타인의 외모를 보지 못하니, 나는 누군가에 대한 인상을 그가 지닌 언어적인 습관과 품격, 그가 피력하는 생각과 소신만으로 판단할 수밖에 없다. 그런 기준에서 이야기해본다면 나는 먼저 정중하고 예의 바른 사람을 좋아한다. 그리고 솔직한 사람을 좋아한다. 자기 감정, 자기 가치관에 솔직하면서 그것을 자유롭게 내세울 수 있는 사람을 좋아한다.

정중함은 보통 무겁고 차분한 뉘앙스를 띄고 있고, 솔직함은 경쾌하고 통통 튀는 인상의 단어다. 그래서 정중함과 솔직함을 함께 갖춘다는 건 왠지 어렵게 느껴지지만, 둘은 대립하는 단어가 아니다. 품위 있고 정중한 태도를 유지하면서도 솔직하게 자신의 의사를 표현할 수 있고, 자기 할 말은 다 하면서도 예의 있게 사람을 대할 수 있다. 나도 그 둘을 동시에 추구하려 노력한다. 아직 많이 부족하지만 말이다.

사실 주위에서는 나를 보고 놀랐다는 사람들이 많았다. 평소에는 다소 점잖게 말없이 있다가, 내가 발언해야 할 순간이 오면 말을 멈추지 않았고, 열띠게 토론하고, 또 단호하게 내 소신을 펼쳐놓는 일을 주저하지 않았다. 어떻게 본다면 그건 여성장애인에 대한 사회적 편견을 거스르는 일이었을 수도 있겠다. 자기 의견에 대해서 적극적으로 얘기하지 않고, 부드럽고 수동적으로 행동하며 모임의 분위기를 흐트러뜨리지 않는 이미지랄까, 그런 것들.

나도 내 존재를 불편해하는 공기를 매 순간 의식한다. 그래도 나는 이거 하러 온 사람이니깐, 안 하면 직무 유기니깐 어쩔 수 없다. 나는 현안 토론이나 질의 순간만 오면 말하고 또 말했다. "부끄럽지 않게끔 성실하게 사는 사람들은 누구나 다 구원을 받을 것입니다. 그것이 바로 하느님의 크나큰 자비지요." 내가 좋아하는 A. J. 크로닌의 소설 『천국의 열쇠』(이승우 옮김, 바오로딸) 주인공인 프랜치스 치셤의 이 말을 얼마나 자주 되뇌었는지 모른다. 치셤이야말로 내가 좋아하는 이의 가장 원형적인 인물이 아닐까 싶다.

없지 않고, '있는' 사람들

나는 자기 앞의 보이지 않는 벽을 뛰어넘는 일을 말하고 있지만, 장애인과 비장애인 사이에 놓인 우리 사회의 벽은 높고 완강하다. 세계 그 어느 나라보다도 대한민국의 장애인과 비장애인은 서로 자연스럽게 어울리지 못하고 극도로 분리된 환경에서 살아간다.

해외 어딜 가더라도, 시각장애인 혹은 지체장애인이 비장애인과 함께 대중교통을 이용하는 것은 지극히 일상적이고 당연한 일이다. 모두가 그들의 존재를 낯설게 생각하지도 않고, 크게 불편해하지도 않고, 보통은 그저 자연스럽게 기다려준다. 선진국의 대열에 진입한 우리는 어떨까? 집값이 떨어지고 아이들에게 나쁜 영향을 미친다며 특수학교를 반대하는 지역 주민 앞에서 발달장애인의 부모들이 무릎을 꿇고 눈물을 흘린 게 불과 몇 년 전이다. 도대체 왜 이렇게 되어버린 걸까?

우리의 가족문화나 입시 환경, 장애 인식의 부재 같은 것을 말할 수도 있겠지만, 결국 '불완전한 이들'을 전면적으로 차단하고 구석으로 치워두려는 공동체 전체의 배타적인 공기를 지적하지 않을 수 없다. 장애인이 아예 '없는' 존재라면 모르겠는데, 엄연히 '있는' 존재를 없는 것처럼 멀리 내쫓으려는 분위기가, 여기에는 있다. 외세의 침략에 너무 오랫동안 시달렸던 탓인지 무엇 때문인지는 정확히 몰라도, 많은 사람들은 자신과 '다른' 존재를 받아들이는 걸 아예 거부한다. 그런 '비정상적'이고 이질적인 사람들을 내 존재를 심각하게 위협하는 존재로 상정해둔다. 가까이에서 마주치고 말도 나눠보기 전에 두려워하고, 백안시한다.

만약 장애인의 존재가 다소 낯설게 느껴진다면 그 이유는 무엇인지 대화를 나누고, 아이의 생각을 부모님이나 선생님이 들어보며 서로 이야기를 나눌 수 있어야 하는데, 그런 과정도 전혀 없다. 그러한 과정이 중요하다는 인식조차 없다. 그래서 비장애 아이들에겐 자신과 조금은 다른 사람들이 이 사회에 공존

한다는 것을 자연스레 체득할 수 있는 경험이 계속 박탈되고 있다. 이런 게 당장은 문제가 안 될 수도 있다. 학생들도 어릴 땐 멀찍이 떨어져서 장애인의 존재감을 머리로만 인지하리라. 부모님이 막아주고, 애초에 내가 다니는 학교도 장애인으로부터 원천적으로 분리된 곳이니깐.

그러나, 언젠가는 마주칠 것이다. 우리는 없는 존재가 아니니, 장애인과 비장애인이 어울려 살아가야 한다는 이상과 인식이 앞으로도 결코 줄어들 리 없으니, 어항은 점점 깨져나갈 수밖에 없으니. 우리와 그들은 결국 삶의 한복판에서 마주칠 수밖에 없을 것이다.

분리와 배제 너머에서

대학교와 대학원을 거치고 연주 활동을 해오면서, 아주 친하게 지내는 비장애인 언니와 동생들이 많이 생겼다. 물론 내 장애에 관한 모든 긴밀한 감정을 공유할 수 있는 건 나와 비슷한 입장의 친구들이라고 할 수 있지만, 그래도 장애를 갖지 않은 친구들과도 20년 가까이 관계를 맺으며 서로 마음을 활짝 여는 단계에 이르렀다. 지금도 우린 연락을 자주 나누고, 종종 만나면서 허물없이 어울린다. 우리는 장애와 비장애의 경계를 뛰어넘은 친구가 되었고, 그 우정의 감각은 내게 무척 소중하다.

분리는 쉽다. 자신과 비슷한 사람들끼리 어울리는 일은 익숙하고 편안하며, 장애 정체성은 비장애인에게 다소 낯설고 불편하게 느껴질 수 있는 것도 사실이다. 그러나 적어도 우리 사회가 모든 인간의 헌법적인 권리를 보장하고, 대한민국의 모든 장애인이 동등한 사회구성원으로서 주체적으로 자유와 인권을 누려야 한다는 대전제를 잊지 않았다면, 우리는 분리가 아니라 통합을 추구할 수밖에 없다. 그러니 나의 경우처럼 장애인들과 비장애인들이 서로 오래 사귄 벗이 될 수 있게끔 사회가 독려를 멈추지 않아야 한다. 그 일은 깔끔한 분리보다 훨씬 더 어렵고 힘들 것이다. 그러나 우리가 장애인의 존엄한 삶을 추구하는 공동체를 만들고 싶다면 결코 그 과정을 포기해서는 안 된다.

학교가 중요하다

다시, 학교가 중요하다. 내가 공부했던 미국의 예를 말한다면, 미국은 애초에 장애인과 비장애인을 '분리'하는 시스템이 아니다. 특수학교가 있지만, 장애인들도 특수학교에서만 가능한 교육은 거기서 받고, 대부분은 통합 과정에서 공부하게 된다. 미국 장애 학생의 90% 이상은 일반학급에서 일부 또는 전체 수업을 듣는다. 말하자면, 굳이 '통합'하는 제도가 있는 것이 아니라 '배제'하는 제도 자체가 없는 것이다. 미국뿐이랴. 대다수 선진국도 마찬가지다. 많은 나라들이 장애 아동과 비장애 아동이 함께 섞여 수업을 받게끔 하고 있다.

왜 그럴까? 학교에서 분리가 시작되면, 결국 사회 구성원들의 전 생애주기에 걸쳐 분리와 차단과 배제가 일어나기 때문이다. 사람이 살면서 학교만 다니는 것은 아니다. 사회에 나와서 일도 같이 하고, 밥도 같이 먹고, 함께 문화를 향유하고, 서로 관계도 맺어가야 한다. 그것을 준비하는 과정이 학교다. 어린 시절 여기서부터 준비가 안 되어 있는데, 그런 준비 과정 하나 없이 어떻게 사회에서 장애인과 비장애인이 서로에게 적응하고 어울려 사는 법을 배워나갈 수 있겠는가?

물론 특수학교가 필요한 지점도 당연히 있고, 우린 여러 장애 유형별로 그 학교들의 장점을 잘 살려가야겠지만, 궁극적으로는 장애인과 비장애인이 어울리는 쪽으로 우리 교육 시스템이 바뀌어야 하는 건 이 때문이다. 법을 만드는 일도 중요하지만, 현장 교사와 지도자들의 가치관도 변해야 하고, 교원 양성 과정과 학교 환경 등이 더 두툼하게 갖춰지는 것도 필수다.

우리 사회는 과연 언제까지 지금과 같은 분리의 기조를 유지할까? 우리는 장애인과 비장애인 모두가 서로의 다름을 이해하고 함께 어우러져 살아가는 방향으로 바꾸어나갈 수 있을까? 우리는 '어렵지만 옳은 길'로 과감하게 방향을 틀 수 있을까?

반드시 와야 할 미래라면, 조금은 더 서둘러 우리 곁에 와주었으면 좋겠다. 라이너 마리아 릴케가 말한 것처럼, 우리들은 언제나 어려움에 의지해야 하며 그 어려운 쪽이 우리들의 몫이다. "어려움이 갖는 어둠 속에서만 우리들의 미소는 비로소 의미를 갖게 될 것이다." 장애인과 비장애인이 함께 어울려 살아가는 문제는 전적으로 릴케의 이 문장들에 기대야 하리라.

세상은 바뀔 수 있다

국회에 처음 들어왔을 때부터 나는 '내게 시간이 주어졌다'고 생각했다. 그리고 여기에 있는 동안 내가 하지 않으면 안 되는 일을 다 해내려고 노력했다. 이 사회엔 내가 옮겨야 할 목소리들, 내가 대변하지 않으면 침묵에 그칠 목소리들이 너무도 많았기 때문이다.

그래서 내 마음은 급했다. 2023년 12월 현재 내가 제출한 법안의 수는 대표 발의 169개, 공동 발의 1381개로 총 1550개다. 국회의원 300명 중에서 대표 발의 순으로는 7위에 해당하는 수치다. 법안을 많이 발의한다 해서 무조건 일을 잘하는 거라곤 볼 순 없겠지만, 그래도 나는 할 만큼 했다. 적어도 내게 주어진 자리에 부끄럽지 않도록 최선을 다했다.

그래서 세상은 조금이나마 나아졌는가? 내가 오랜 노력 끝에 통과시킨 약사법 개정안으로 이제 점자가 찍힌 종합감기약이 나오는 것을, 식품표시광고법 개정안으로 치약과 라면에도 점자 표기가 생기는 것을 볼 수 있다. 공직선거법을 개정해서 시각장애인들이 비장애인들과 마찬가지로 공보물을 생략된 분량 없이 읽을 수 있다. 저작권법을 개정해 활자매체뿐만 아니라 영상매체를 비롯한 다양한 저작물에 대한 장애인 접근성을 강화했고, 점자법을 개정해 점자 문서 제공을 요구받은 공공기관이 더 이상 장애인들의 공공문서 열람 요구를 함부로 여기지 못하게끔 제도로 못박았다. 또 스포츠산업진흥법을 개정해서 장애인과 비장애인이 똑같이 여러 스포츠를 즐길 수 있는 최소한의 기반도 마련했다.

내가 동료 의원들과 정부 부처 관계자들에게 4년 가까이 열심히 무언가를 알린 보람은 있는 걸까? 이제는 국립중앙박물관에서 발달장애 아동들도 함께 향유할 수 있는 공간을 고민하는 심포지엄이 열리고, 국립항공박물관에서는 시각과 청각 등 감각장애인의 접근성을 제고하는 국제 컨퍼런스가 개최된다. 스포츠산업진흥법의 개정법률안이 통과된 직후 KBO가 적극적으로 나서 '시각장애인 현장 관람객 대상 음성지원 서비스'를 제공하기 시작했고, 나는 잠실구장을 찾아 시각장애 야구팬들과 함께 직접 야구를 관람하기도 했다. 아직 법이 시행되기도 전인데도 많은 식품업체가 동참해준 덕에 시중 편의점에서는 점자로 정보가 표시된 컵라면을 만날 수 있다. 여러 제약 회사들도 마찬가지여서 벌써 점자 표기가 이뤄진 비상상비의약품을 여러 약국에서 구하는 일이 가능하다.

장애인의 인권을 국제적 평균 수준으로 높이기 위한 디딤돌이 되는 UN 장애인권리협약의 선택의정서 비준은 역시 가장 벅찬 성과였다. UN의 장애인권리협약은 모든 장애인의 인권과 자유를 보장하고 존엄성을 존중하기 위한 국제 조약이며, 그 선택의정서는 당사국이 협약의 내용을 실효성 있게 이행하도록 마련된 조치다. 우리나라는 2008년 협약을 비준했지만 선택의정서 비준은 14년간 미뤄왔다. 그러다가 내가 대표 발의한 결의안으로 2022년 12월 마침내 가입동의안이 통과되어, 우린 이 조약의 102번째 가입국이 되었다. 이로써 국내의 장애인이 권리 구제 절차를 모두 거친 후에도 제대로 권리 구제가 되지 않았을 경우 UN에 직권조사를 신청할 수 있게 됐다. 우리 사회에도 이제야 간신히 국제 사회의 인권적 기준이 조금이나마 스며들게 된 것이다.

우리는 조금씩 앞으로 나아간다

사실 처음 내가 국회 상임위인 문화체육관광위원회에서 목소리를 높였을 때, '군이 왜 우리가? 우리는 복지부처 소관이 아니지 않은가? 김 의원은 왜 자꾸 장애인 이야기를 하는가?'와 같은 분위기가 없었던 건 아니다. 그처럼 나를 경계와 반감의 눈초리로 바라보던 분들이 조금이나마 바뀌기 시작했다. 이야기를 나눌 때마다 정부 부처나 국회 관계자들이 점점 달라지고 있음을 느낀다. 접근성이 뭔지, 배리어프리가 뭔지도 모르는 분들이 많았는데 이제는 그분들이 먼저 나서서 그런 일들을 챙긴다.

처음 상임위 회의에 참가했을 땐 국정감사 자료를 내가 확인할 수 있게 제출하지 않았던 공공기관이나 정부 부처도 많았고, 자료의 질도 다 달랐다. 지금은 상상할 수 없는 일이다. 해를 거듭할수록 업무 현황이나 상임위 법안심사 관련 자료 역시 점자로 자연스럽게 배포되기 시작했다. 또 이제는 문체위 행정실에서 좌석 배치도까지 꼼꼼하게 챙긴다. 예전엔 의원과 보좌진 좌석을 간단히 나타내는 정도였지만, 지금은 훨씬 더 발전했다. 각 부처의 실·국장과 과장급 직원들 배치까지 나 또한 '눈에 선하게' 파악할 수 있다. 그만큼 나를 위해 신경을 쓴다는 것이 느껴진다. 이러한 변화가 상임위 회의실을 넘어 국가 전역에 고르게 반영되는 것이 가능할까? 그럴 수 있다면 여기에서 내가 일하는 의의는 충분히 달성된 것이다.

우리 당 의원님 한 분 이야기도 해보고 싶다. 의원님은 연세도 지긋하고, 보수당 소속에, 대구에 지역구를 두고 계신, 행정부 출신의 '고리타분한 아저씨'다. 겉으로 봤을 땐 편견을 갖기에 딱 적합한 그런 분이었달까. 그러던 그분이 내 말을 주의 깊게 경청하고, 나의 의정활동에 디테일한 관심을 보여주던 게 느껴졌다. 나를 보면서 장애인에 관해 많이 묻고, 본인의 지역구에 계신 장애인들의 현실에 관해서 조언도 구했다.

말뿐이면 그러려니 하겠는데, 행동도 시작했다. 그는 이제 직접 이쪽 일에 뛰어들어서 같이 한다. 나도 모르는 사이 그분이 지역 내에서도 실천하고 계시는 것을 확인했을 때의 감동이란…. 의원님은 장애인 관련 토론회들을 주최하고, 장애인과 비장애인이 함께 펼치는 예술 사업도 적극적으로 지원하고, 지역 내 장애학생들을 가르치는 교육기관에도 선뜻 찾아간다. 심지어는 어느 장애예술인 행사의 대회장도 3년째 직접 맡아서 하는 중이다. 쉬운 일이 아닌데, 그의 진심이 느껴지지 않을 수 없다.

처음엔 장애인과 비장애인이란 개념을 제대로 쓰지도 못하고 "장애인과 일반인"이라며 말실수까지 하던 분이었다. 지금은 많이 바뀌었다. 나는 그때도 "의원님, 그건 틀린 말이에요." 이렇게 직접적으로 지적하지 않았다. '비장애인'이라는 말을 그분이 자연스럽게 들으실 수 있게 조금씩 우회해서 자주 말씀드렸다. 지금 그 의원님은 그 누구보다도 그런 말을 안 쓴다. 예전의 실수가 그야말로 '그땐 몰랐기 때문'이라는 걸 확신할 수 있을 만큼 진정성 있게 활동하는 것이 느껴지는 것이다.

사람은 변한다. 변할 수 있다. 법도 바뀌고, 사람도 바뀐다. 쉬운 일은 아니지만 우린 다 변할 수 있다. 지금 어디에 있든 우린 모두 앞으로 나아갈 수 있는 사람들이다.

그들은 '아직' 모르지만

그래서 나는 언제나 '이 사람은 아직 잘 모르니, 내가 알려드려야겠다'라는 자세로 접근한다. 이 사람이 모르는 건 비난의 대상이 아니다. 알면 그만이다. 내가 아는 것을 이분이 알게 되고, 이분이 그게 왜 중요한지를 인식할 수 있다면 그것으로 충분하다.

국정감사와 같은 장·차관급 이하 행정부 관료들과 만나는 자리에서, 문화체육관광위원회 상임위 회의에서, 동료 의원들과의 공식적인 자리에서, 심지어는 고위급 관료 청문회에서도 나는 계속해서 그분들에게 무언가를 알려드린다. 이 현안이 갖는 의미가 무엇인지, 예산이 얼마나 더 필요하고, 왜 필요한지, 그 일엔 어떤 사람이 연관되어 있는지 등등에 대해서 계속해서 얘기한다.

나는 끊임없이 말한다. 준비할 수 있는 데이터를 최대한 많이 구비하고, 그들에게 나의 지식과 화두를 전달할 수 있는 가장 명료하고 논리적인 표현 방법을 고민한다. 영상이 필요하면 영상도 보여드린다. 나는 볼 수 없는 영상일지라도 그들에겐 필요할 테니깐. 내가 중요하다고 생각하는 의제를 그들이 조금이라도 더 자기 몸에 체화할 수 있다면, 그들의 생각이 조금이나마 바뀔 수 있다면 나는 무슨 일이라도 더 했을 것이다.

세상을 바꾸기 위해, 현장을 활동적으로 뛰어다니는 분들의 존재는 물론 소중하다. 나는 여기에서, 주로 언어로 활동했다. 어디서든 내가 가진 것을 언어로 전하고자 노력했다. 그게 내가 해야 할 일이자 가장 잘할 수 있는 일이라고 생각하면서 내가 마주친 사람들을 변하게끔 하는 일에 집중했다. 내가 아는 걸 그들도 알 수 있도록. 내 생각이 조금이나마 그들의 생각이 될 수 있도록. 그들이 언젠가 무의식에서라도 내가 말했던 게 생각날 수 있도록.

진정 상대가 달라지기를 바란다면

모른다는 것은 사람을 감정적으로 위축시킨다. 상대가 내게 "너는 이러저러한 것을 몰라"라는 말을 들었을 때 기분이 좋을 사람이 있을까? 그런 말을 들으면 우린 누구나 부정적인 감정, 낯설고 뜬금없고 두려운 감정을 느끼며, 자연스레 그 말을 하는 이와 쟁점에서 거리감을 둔다. 발을 빼고, 마음을 뺀다.

"너는 모른다. 그게 너의 문제다."라는 공격적인 말은 강력하지만 공허한 무기다. 이 말은 '아는 나'와 '모르는 너' 사이의 위계를 설정하며 상대를 겁박하는 방식이며, 그런 겁박은 위풍당당해 보여도 상대의 내면을 진정으로 바뀌게 만드는 힘이 거의 없다. 그리고 이 정치판에서 사람들이 왜 그렇게 소리를 지르고 상대를 윽박지르는지 곰곰 생각한다면, 결국 모두가 '네가 모르는 게 문제'라는 입장과 태도에 중독되어 있기 때문인지도 모른다. 어떤 면에선 그런 태도를 고수하는 게 제일 쉬우니깐 말이다.

이 책을 쓰기 위해, 박사학위를 받기 위해 준비했던 자료들을 다시 한번 통독했다. 그리고 생각했다. 나는 결국 사람들의 '감정'을 건드리고 싶었던 건지도 모르겠다. 음악 교수법을 전공했던 나는, 학습이 감정과 인지의 역동적인 상호작용을 통해서 일어난다는 주제에 오랫동안 천착했다. 결론은 다음과 같다. '느끼는' 일과 '배우고 알아가는' 일을 따로 떨어진 것으로 생각해선 안 된다.

실제 우리 뇌는 감정을 담당하는 뇌 부위와 인지와 학습을 관장하는 뇌 부위가 복잡하게 얽혀있다. 그래서 학습자의 감정 상태가 부정적일 때는 학습의 뇌로 가는 경로의 스위치가 꺼지고, 학습이 저하되거나 완전히 중단된다. 반면 학습자의 감정 상태가 긍정적일 때는 뇌의 학습 경로 스위치가 켜지고 학습을 위한 길이 열린다. 이런 사실 때문에 교육신경과학계에서는 감정을 '학습을 위한 온-오프 스위치'에 비유하기도 한다.

그러니 진정 상대가 '배우기를 바라는' 사람이 취해야 할 방식이 무엇이 되어야 할지는 자명하다. 상대가 아무리 밉고 이해되지 않더라도 따뜻하고 포용적으로 다가가야 한다는 게 그것이다. 교육학자 에릭 젠슨의 말대로, 감정 역시 차근차근 배우고 훈련해야 하는 것이다. 만약 그런 방식이 불가능하다면 그것은 상대의 문제가 아니라 당신의 문제일지도 모른다.

그래서 나는 칭찬한다. 가급적 좋은 것을 먼저 보고자 하고, 전에 비해 개선된 부분에 대해서는 항상 칭찬한다. 도대체 왜 정치의 영역에서 그토록 칭찬에 인색해졌는지를 알다가도 모를 노릇이다. 자신이 무엇을 잘했는지를 명확히 알고 모자란 부분에 대하여 지적을 받는 것과 오로지 자신이 잘못한 것에 대해서 지적만 받는 건 천지 차이다. 아주 현실적이고 실리적으로 봐도 그렇다. 전자의 사람들은 후자에 비하여 훨씬 더 생산적인 결과를 낳는다는 걸 내 경험으로도 확인했다.

그리고 다른 이의 긍정적인 측면에 주목하느냐 부정적인 측면에 주목하느냐의 여부는, 인간의 자기성찰이라는 미덕과도 맞닿아 있다. 사람이 모든 현상에 대해서 100% 다 아는 건 불가능하다. 어떤 분야의 전문가라 할지라도, 본인이 간과하고 있었던 정보나 맥락이 없다고 자신할 수 있는 사람은 없다. 있다면 그가 게으른 것이다. 누구든 무언가를 처음 배우는 일이 있고, 그런 일이 있어야 한다. 나도 그렇고 상대도 그렇다. 그러니 우리는 상대가 모른다는 사실에 집중하고 그걸 윽박지르기보단, 상대가 조금이라도 잘한 부분이 있으면 바로 그 지점으로부터 이야기를 시작하는 게 옳을 것이다. 나 또한 세상의 모든 것을 온전히 다 파악하고 있을 수는 없기에. 언제든 남에게 새로운 것을 배워야 하는 사람이기에.

모든 것은 내 안에 담겨 있으니

나는 왜 이렇게 칭찬을 중요하게 생각하고 있을까. 내가 자란 환경의 이야기를 하지 않을 수 없다. 나는 부모님께 칭찬받아본 일이 거의 없다. 비유적인 말이 아니라, 정말로 없다. 할머니도 칭찬과는 거리가 먼 분이었고 지독하게 엄하셨다. 온 가족이 다 내게 엄했다.

가족만 그런 건 아니었다. 나는 선생님께 인정받거나 선생님과 긴밀히 소통할 수 있던 학생도 아니었다. 다 그런 건 아니었지만, 나를 가르치는 분들은 내 장애나 피아노 실력에 관해서 차별적이거나 부정적인 피드백을 많이 했고, 가스라이팅에 가까운 평가절하도 종종 했으며, 본인이 알고 있는 것을 본인의 방식으로만 나한테 주려고 하는 경우가 많았다. 안타깝게도, 나의 고유한 상황과 내 신체적·심리적 특징을 전제로 두고 거기에 대해 개별화된 교육을 받은 기억이 별로 없다.

무언가를 배우면서 내가 왜 사나 싶은 자괴감이 들 때가 많았다는 건 슬픈 기억이다. 그래도 위스콘신대 대학원에서 박사학위를 받을 때, 좋은 교수님들과 함께 페다고지 학습법을 연구할 수 있었던 건 큰 기쁨이었다. 이 학습법이란 학생의 인격과 개별적 특성에 초점을 맞추고, 교사와의 적극적 소통을 통해 학생의 좋은 점을 활발히 이끌어내고, 다소 안 좋은 점에서도 좋은 점을 찾아내서 끊임없이 긍정적으로 승화시키는 과정이었기 때문이다. 교수님들은 항상 내게 먼저 질문을 던져주셨고, 내 의견을 물어주셨고, 어떤 상황이 잘 풀리지 않는 이유에 관해 같이 머리를 맞대고 그 이유를 나 자신한테서 찾도록 도와주셨다.

나는 배우는 사람의 생각과 가능성의 지평을 계속 열어주는 것이 교육의 가장 중요한 본령이라는 것을 깨달았다. 모든 것은 학생의 개별적 인격체 안에 이미 다 들어 있다. 교사는 그걸 믿고 학생을 적절히 인도하기만 해주면 된다. 나도 훗날 누군가를 가르칠 때 이런 자세를 항상 되새기려 했다. 그런 교수법의 맥락에선, 부정적인 말 같은 건 전혀 사용할 필요가 없다. 학생에게 맞는 선택지를 제시하고, 그 자신이 테스트할 기회를 준다. 무엇이든 시도해보고 자신에게 맞는 것을 스스로 결정하라고 권한다. 내가 학창 시절 그런 과정을 겪어보지 못해서 조금은 한이 맺혀 있던 걸까. 대학원의 교수님들 밑에서 배웠던 기간은 초등학교부터 대학원에 이르기까지, 내 20년에 가까운 학업 생활 중에서 거의 유일하게 즐거운 시간이었다.

섣부른 판단보다, 포용적인 관대함으로

누군가에게 무엇인가를 가르치는 일은 쉽지 않다. 배우는 일도 어렵지만, 가르치는 일은 그보다 더 어렵다. 나도 학습의 영역에서 워낙 부정적인 경험을 많이 가지고 있다 보니, 내가 가르치는 방식이 학생들에게 어떤 영향을 주게 될지를 끊임없이 고민하지 않을 수 없었다.

여기에선 말하는 나보다 듣는 상대를 먼저 생각하는 것, 가르침의 무게중심을 '배우는 사람'에게 놓는다는 것이 핵심이다. 나도 학생들에게 무슨 말을 하기 전에 '이 이야기는 듣는 사람에게 이런 느낌을 전하겠구나', '내가 만약 그런 식의 말을 들으면 나는 어떤 느낌일까'를 먼저 생각하는 습관이 들었다.

그것을 관대함이라고 표현할 수도 있겠다. 상대가 무언가를 모르거나 어렵게 느낀다는 건, 그간 상대가 살아온 삶의 과정과 맥락에서는 자연스러운 것이다. 그것은 꾸짖음의 대상이 되어서는 안 된다. 학생은 학생 나름으로 최선을 다해 자기만의 색깔을 쌓아온 것이며, 만약 거기에서 놓친 게 있다면 내가 그와 대화를 나누면서 천천히 알려주면 된다. 그를 함부로 판단하거나 규정해버리는 건 최악의 교수법이다.

대학원에서 내가 배우고 느꼈던 이런 것을 한국에 돌아가면 적용해야겠다고 마음먹었고, 귀국해서 학생들과 함께할 때마다 늘 상기했다. 강사 시절에 가르쳤던 작곡과 학생 한 명이 떠오른다. 고등학교 때까지 피아노를 치다가 무대 공포를 겪고 연주를 포기했던 학생이었는데, 그는 대학에서 나와 피아노를 치며 트라우마를 많이 벗어날 수 있었다고, 복수전공으로 피아노과를 선택했다고 말해주었다. 참 기쁘고 다행스럽다고 생각했다. 과거 자신이 겪었던 부정적인 경험과 그에 수반된 감정을 이겨내고, 그것에 덜 영향을 받게 되면서 다시금 연주를 시작한 것이다. 나는 그저 그의 이야기를 많이 듣고, 그가 지닌 가능성을 여러 각도에서 열어주려 노력했을 뿐이다.

물론 나도 여러 부족함이 있었을 것이다. 그래도 많은 학생들과 기쁜 마음으로 강의실에서 만났고, 종종 그 관계는 캠퍼스를 벗어나서 지금까지 이어지기도 한다. 내가 가르친 몇몇 학생들이 대회 성적에 얽매이지 않고 자기 음악으로 본인의 삶이나 다른 사람의 삶을 변화시키고, 지역사회에서 자기 전공을 살려 일을 해나가는 걸 본다. 음악을 업으로 삼은 학생들이 지난 코로나 시국에도 나를 찾아와서 조언을 구하고, 음악과 사회가 만나는 지점에 대해 열띤 토론을 하기도 했다. 뿌듯한 일이다.

어쨌든 내 성장과 학습 과정의 부정적인 분위기, '칭찬보다는 지적' 일변이었던 경험이 타인에 대한 관대함으로 승화될 수 있었던 것 같다. 아니, 그렇지만 내가 이렇게 되었다는 말을 듣고 '역시 칭찬은 아껴야 해', '학생의 지나친 자존감은 해가 되는 법이지', '엄한 게 최고야' 등등으로 생각해선 곤란하다. 내 주위에는 나처럼 엄한 분위기에서 자랐다가 너무 억눌리고, 그래서 반발심만 커지고, 종국엔 남을 아예 인정하지 못하게 된 케이스도 많은 게 사실이기 때문이다.

손가락은 사람의 눈을 찌른다

2023년 가을 우리 당 소속의 어느 정치인이 당 소속 국회의원 109명에게 『여의도에는 왜 정신병원이 없을까』라는 제목의 책을 보내며 "정상적인 국민이 보기에 (정치인은) 정신병자들이 아니면 무엇이겠느냐"라는 내용의 편지를 동봉했다고 자신의 SNS에 밝혔다. 이 책의 제목이 우리 당의 모든 것을 말해준다며, 우리 당부터 정신 차리자는 뜻에서 이런 행동을 한 것이라고 그는 주장했다.

UN 장애인권리위원회는 이미 지난 2022년 최종견해를 통해 대한민국 언론과 정치 논쟁에서 정신질환을 가진 사람을 비롯하여 심리·사회적 장애인에 대한 차별적 태도와 만연한 증오 등 혐오 표현에 대해 우려를 표한 바 있다. 그렇지만 누구라도 실수할 수 있다. 나는 그의 말이 왜 정신질환에 대한 혐오 표현인지, 그 말이 어떻게 정신질환을 앓고 있는 이에 대한 편견적 이미지를 고착시키는지, 그런 식의 말은 국민을 어떻게 '정상성'이라는 어항에 가두고 있는지를 차분하게 지적했다.

그런데 내 비판에 대하여 그에게서 돌아온 해명이 안타까웠다. 그는 방송 인터뷰에서 자신이 정신질환을 가진 국민을 비하했다고 보긴 어렵지 않겠느냐며 "행간을 고려해달라. 손가락이 아닌 달을 봐주셨으면 좋겠다."라고 말했다. 나는 그 말에 화가 나지도 않았고, 그저 어이가 없을 뿐이었다. 그의 해명은 내 비판이 어떤 의미와 맥락에서 이뤄졌던 것인지 그가 기본적인 차원에서 전혀 파악하지 못했다는 걸 드러내고 있었기 때문이다.

만약 그 자신이나 그의 가장 가까운 가족이 정신질환으로 오랫동안 고통을 받고 사회의 차별적인 시선 때문에 괴로워하고 있다면, 그는 정치인을 정신병자라고 그토록 쉽게 몰아붙일 수 있었겠는가? 정신질환을 원치 않게 갖고 사는 분들에게는 그런 식의 표현이 굉장한 상처이고 고통이라는 것을 왜 모르는가? 그런 태도는 이 사회의 소수자들에게 혐오가 작동하고 강화되는 방식을 가장 선명하게 압축하고 있는 것이었다.

나라의 미래를 걱정하는 사람들은 결코 그런 무지에 머물러선 안 된다. 그가 말한 저 '달'이 아무리 고상하고 긍정적인 세상을 상징한다 하더라도, 사람의 눈을 찌르는 건 '손가락'이다. 달이 아니다. 손가락이다. 제발 그걸 명심하길 바란다.

저열한 말을 쓰는 이유

앞의 사례처럼 사람들은 왜 강하고 '센' 말이나 자극적인 말, 욕이나 비속어, 심지어 타인을 향한 혐오 표현 같은 것을 즐겨 쓰는 걸까? 우리는 그걸 어디까지 용인할 수 있을까?

어떤 사람들은 말은 말일 뿐이라며 언어의 중요성을 애써 간과하곤 하지만, 그건 말도 안 되는 소리다. 정제된 언어는 상호 신뢰의 기본이다. 더욱이 국민을 대표하는 정치인들이 이런 말을 쓰는 건 직무유기라고 하지 않을 수 없다. 그런 말이 모여 정치의 수준과 품격을 떨어뜨린다. 내가 2022년 '국회를 빛낸 바른정치언어상'을 수상했다고 이런 말을 하는 건 아니다.

누군가가 사악해서 그런 식의 저열한 언어를 쓰는 건 아니라고 믿고 싶다. 결국 그런 말을 쓰는 이의 경험과 환경을 이야기하지 않을 수 없을 것이다. 누가 그런 뉘앙스의 말을 써서 이상한 인상을 남기거나 주위의 부정적인 반응이 예상된다면 애초에 시작하기가 어려워진다. 그런데 이런 말을 즐겨 쓰는 게 은근히 장려되거나 쿨하고 멋진 분위기로 여겨지는 사회라면? 너도나도 이런 말들을 발화하는 분위기가 형성될 것이다.

내 주위에서도 그런 케이스를 많이 보았다. 언젠가는 문체위 회의에서 어느 간사님이 "지랄염병"이라고 소리를 지른 일이 있었다. 나는 지랄이라는 말은 뇌전증, 간질 혐오 발언이라고 곧바로 정정을 요청했다. 그분은 흠칫 놀라는 것 같았지만, 곧바로 자신의 잘못을 수긍했다. 적어도 국회에서는 그런 말이 나와서는 안 된다는 게 내가 가진 지론이다.

결국 어린 시절의 경험, 또 부모와 어른의 역할이 그만큼 중요하다고 볼 수 있을 것이다. 반려견과 함께하는 분이라면 잘 알겠지만, 안 좋은 음식도 처음에 기분 좋게 먹으면 좋은 건 줄 알고 막 먹는다. 그걸 말리는 게 참 힘들다. 사람도 마찬가지다. 술과 담배도 그렇고, 비속어를 쓰는 것도, 도박도, 마약도, 물리적 폭력 같은 것도 다 비슷하다. 분명 안 좋은 걸 알지만 처음에 좋은 기억을 갖고 그걸 시작하면, 훗날 그게 나쁜 것을 알더라도 나한텐 매우 좋은 것이 되어있는 것이다.

감정은 그만큼 힘이 세다. 한국어 어휘를 풍부하게 만든다고 여겨지는 비속어의 경우도, 누군가가 나는 좋은 뜻으로 썼다고 강변하면 할 말이 없다. 그러니 언어에 관해서라면, 가정과 유치원과 학교 등 교육기관에서부터 세심하게 신경을 쓰고 아이들에게 바른 언어를 체화하게끔 만드는 일이 중요할 수밖에 없다. 이미 다 자란 성인을 변화시키는 일은 정말로 쉽지 않으니깐 말이다.

:

나는 하나의 언어이고, 하나의 계기이다

앞에서도 적었듯 나는 상대가 쓰는 단어와 표현으로 누군가를 판단할 수밖에 없다. 그래서 내게 그가 쓰는 언어는 그의 모든 것이라고 할 만하기도 하다. 어떤 측면에선, 내게 세상은 언어로 구성된다. 그래서 나 또한 독서하고 또 읽으려는 노력을 멈추지 않는다. 내 안에 언어가 부족하다는 것을 느낄 때, 내가 가진 욕심만큼 다양하고 정확한 어휘를 구사하지 못하는 것을 느낄 때, 그럴 때마다 자괴감을 느끼고 조금 슬퍼진다.

2022년 국정감사에서 나는 언론중재위원회 이사장님에게 "장애가 '있는' 건가요, '앓는' 건가요?"라고 물었던 적이 있다.

그분이 고심하다가 "장애는 앓는 것"이라고 답하셨을 때, '설마'가 '아이고'로 바뀌어버렸다. 장애는 병처럼 '앓는' 것이 아니라, 그저 한 사람의 정체성으로서 그에게 '있는' 것이다. 그렇지만 너무 그분을 몰아세우진 말자. 그래, 이런 계기를 통해서 진짜 몰랐던 사람들도 아차 할 수 있는 계기를 만들 수 있었던 것 아닌가. 그렇게 생각하자. 언제나 제로베이스에서 시작하자. 나는 늘 이렇게 되뇐다.

그로부터 딱 20년 전인 2002년. 대학 강의실에서 바로크 음악에 대해 가르쳐주던 교수님이 무심코 "작곡가 헨델은 노년에 장님이 됐다."라고 말씀하셨다. 나는 나도 모르게 손을 번쩍 들었다. "교수님! 장님이라는 표현을 쓰시면 안 되죠. 2000년대에 학생을 가르치는 교수님이 그런 언어를 사용하시면 곤란합니다." 당돌하다면 당돌했는데, 나도 어렸을 땐 그런 사람이었다. 해야 할 말이 있으면 지금보다 훨씬 더 참지 못하고 손을 번쩍 번쩍 들었다.

이제는 그때보단 많이 부드럽고 점잖은 사람이 된 것 같다. 자신이 수십 년 동안 가지고 있던 뿌리 깊은 생각과 발화 방식을 바꾼다는 게 누구에겐들 쉬우랴. 낯설 수 있고, 불쾌할 수 있다. 나는 그것을 이해한다. 그러나 개선되지 않으면 안 된다. 나는 그들이 마주치는 하나의 계기이자, 하나의 언어가 되면 충분하다. 나는 내 몸을 흐르는 물결에 맡기고 계속 바다를 향해 나아간다. 우리는 더 나은 세상에서 함께 살아갈 수 있다.

Ⅲ.

정치라는 예의

"누군가를 향한 감정이 긍정적으로 변하는 데는 아주 오랜 시간과 많은 노력이 필요하지만, 주류와 다르다고 간주되는 부분에 대한 미움과 혐오는 노력과 시간이 필요 없을 만큼 아주 쉽습니다."

— 국제의회연맹(IPU) 제147차 총회 연설 중에서 (2023. 3. 24.)

"당의 일부 지지자들은 저에게 다른 당으로 가라고 말씀하시는데, 다른 당이 아니라 우리 당 정강 정책에 10가지 약속이 있어요. 그중에 세 번째가 '약자와의 동행'이에요. 양극화되고 급변하는 사회에서 필연코 발생할 수밖에 없는 소외되고 배제되는 약자들과 동행할 수 있는 정책을 만든다는 게 우리가 한 약속이에요. 저는 우리 당의 정강 정책을 지키고 조금 더 바른 방향으로 이끌어가야 할 책무도 저에게 있다고 생각을 해요."

— 《중앙일보》 인터뷰 중에서 (2022. 4. 12.)

왜 예의인가

우리나라의 정치적 공간에서 서로에게 예의를 지킨다는 것이 얼마나 경시되는지를, 얼마나 헌신짝처럼 다뤄지고 있는지를 모두가 잘 알고 있다. 물론 정치에서뿐만 아니라 인간이 어울리는 곳 어디에서든 사람에 대한 예의는 굉장히 중요하다. 공동체에서 서로에게 매너를 지키고, 서로의 품위와 품격을 고려하는 일의 가치는 아무리 강조해도 부족할 것이다. 그중에서도 정치에서의 예의는 더 말할 나위가 없다.

왜 그럴까? 말 그대로, 정치는 관계의 예술이기 때문이다. 정치에서의 관계는 정치인과 정치인 사이의 그것을 넘어서서, 어느 정치인에게 자신의 주권과 의지를 맡겨둔 시민들 상호 간의 관계라고 봐야 더 타당하다.

우리 국회의원들은 모두 국민을 대표해서 여기 와 있는 사람들이다. 국회에는 그 본분을 망각하고 스스로를 내세우는 데 여념이 없는 분들도 계신 것처럼 보이지만, 우리는 본질적으로 자신이 대의하고 있는 사람들의 목소리를 내기 위하여 잠깐 이 자리에 머무른 사람들일 뿐이다. 우리는 결코 주인공이 될 필요가 없는 사람들이며, 우리가 대의하는 사람들의 인격적 결사체로 존재하면 충분하다. 너무 교과서 같은 말이지만, 진짜 주인공은 국민이니깐 말이다. 나는 그 말을 믿고 있다.

그런데 만약 내가 정치적 유불리를 따지면서 다른 생각을 가진 정치인을 헐뜯고 공격한다면? 상대를 악의 축으로 몰아붙이면서 아예 대화와 타협의 대상으로 여기질 않는다면? 그런 행태는 내가 대의하는 사람들과, 내가 공격하는 상대방이 대의하는 사람들 사이를 갈라놓고 둘 사이에서 적나라하게 싸움을 붙이는 일과 전연 다르지 않다. 국민을 분열시키고, 그 안에서 자신의 입지를 강화하며 세를 확장하려는 명백한 의도가 불 보듯 훤하다.

나는 크건 작건 수많은 목소리들이 내게 닿아 있다는 것을 알고 있다. 이 국회의사당 안의 모든 대의적인 존재들이 마찬가지다. 그러므로 우리가 서로를 모욕하거나, 서로를 거칠게 밀어붙이거나, 서로를 조소하거나, 서로에게 품격 있는 예의를 갖추지 않는다면, 그것은 곧 상대에게 기댄 사람들을 모욕하고 낮잡아 보는 것과 같다. 즉, 그건 우리 각자에게 기댄 목소리들을 우습게 여기고 깔아뭉개는 일과 다름없다. 그것은 민주주의에 대한 모독이며, 이 공동체의 구성원에 대한 철저한 기만 혹은 철없는 삿대질일 뿐이다.

이게 예의가 정치의 기본이 되어야 하는 이유다. 정치에서의 예의는 국민에 대한 가장 진정성 있는 존중과 존경의 다른 이름이기 때문이다.

모르는 것을 모른다고 말하기 위해선

'아는 것을 안다고 말하는 것, 모른다는 것을 모른다고 말하는 것.' 쉬워 보여도, 이건 모두가 자기 삶에서 실천하기 가장 어려운 일인지도 모른다. 나는 대한민국 정치가 왜 그토록 무례하고 몰염치한 공간이 되었는지를 생각하면 가장 먼저 저 말부터 떠오른다.

앞에서 나는 이 공간이 '네가 모르는 게 문제'라는 입장과 태도에 중독된 것 같다고 말한 바 있다. '너는 모른다'라고 상대를 손가락질하는 일엔, '나는 알고 있다'는 전제가 깔려 있다. 그렇다. 나는 그런 태도에서 '자신이 모든 걸 다 안다'고 생각하는 오만함을 발견할 때가 많다. 일찍이 입신하고 뛰어난 두뇌로 주위의 칭송을 많이 받아서 그런지, 오만함에 찌든 그들은 강하고 가파른 언어를 즐겨 쓰고, 자신이 틀렸다는 의심을 조금도 하지 않은 채 무언가를 단언한다. 그들에게는 수많은 사람들이 만들어가는 이 복잡한 세상 속에서 '내가 잘 알지 못하는 것이 있을지도 모른다'는 조심스러움이나 반성적인 태도가 전혀 없다.

어떤 자리든 간에 본인이 하는 말에 많은 사람에게 영향을 끼칠 수 있는 공적 위치에 있는 사람이라면, 반드시 자신의 언어에 책임감을 느껴야 한다. 그러지 못한다는 건 결국 그들에게 자기 앎의 한계에 대한 자기성찰이 얼마나 부족한지를 폭로하는 것밖엔 되지 않는다. 나는 소설가 박완서의 말(단편소설 「부끄러움을 가르칩니다」)을 빌려 이렇게 말하고 싶다. 우리 정치는 부끄러움을 조금 더 배워야 한다고. 자기가 모르는 것이 있음을 인정하는 자세야말로 진정한 예의의 출발이라고.

악마화라는 방아쇠

그러나 그들이 강한 말을 내지르고 차별과 혐오를 조장하는 표현을 거리낌 없이 쓰는 데는 현실적이고 실리적인 이유도 있다. 그게 자신의 인기가 되고, 영향력이 되고, 표가 되기 때문이다.

자극적인 말로 자신의 존재감을 과시하며 지지층을 결집하고, 표가 많아 보이는 집단의 어려움을 공감하는 척 상대적으로 취약한 집단에게 선명한 낙인을 찍는 일도 다반사다. 그러면 온라인에서는 혐오로 점철된 언어들이 노골적으로 표출되고, 언론은 이러한 자극적이고 폭력적인 말들을 가감 없이 보도하는 중이다. 표를 얻어 선출직으로 등용되어야 하는 정치인들은 중재에 나서길 꺼린다. 그렇게 합리적인 균형감각을 발휘하는 일은 별반 눈길을 끌지 못하기 때문이다.

우리 공동체를 위해 말하건대, 그래서는 안 된다. 부끄러움과 예의가 사라진 자리에 남는 것은 '무엇이든 가능하다'는 식의 증오와 선동뿐이다. 스티븐 레비츠키와 대니얼 지블랫이 쓴 『어떻게 민주주의는 무너지는가』(박세연 옮김, 어크로스)에 나오는 말처럼, 민주주의는 "don't shove(밀지 마세요)."에서 don't에 해당하는 이념일지도 모르며, 또 민주주의는 국민 절반 이상이 옳다는 생각에 대한 끊임없는 의심일지도 모른다.

그런데 우리는 끊임없이 자신을 의심하고 반성하는 대신 '국민의 이름으로' 상대를 악마화한다. 이 양극화와 분열의 시대에, 이미 예민해져 있는 시민들에게 정치는 don't가 아니라 do의 손가락질만을 반복하고 있다. 시민들의 혐오와 차별을 증폭시켜 그들의 방어적 공격성을 폭발시킬 수 있는 방아쇠를 손에 쥐어 주고 있다.

사과는 힘이 세다

나는 우리 정치가 이런 공격적인 자세에서 벗어나서 '반성할 수 있는 공간'이 되어야 한다고 믿는다. 자신이 잘못한 것을 인정하고, 진정성 있게 사과하고, 다시금 이 공간에 어울리는 예의와 품격을 되찾아야 한다. 사과를 하면 정치적으로 이용당한다는 생각은 국민들을 얄팍하게 보고 경멸하는 것이다. 국민들은 스스로의 잘못을 뉘우치고 바로 거기서부터 나아가는 정치를 바라고 있다.

2023년 10월 29일 이태원 참사 1주기 때 나는 서울광장의 시민추모대회에 참석하기도 했고, 30일에 열린 최고위원회의에서는 희생자들과 유가족들에게 사과했다. 구조자들과 피해 생존자들께, 참사 이후 그 자리를 꿋꿋하게 지켜준 소상공인들께도 사과했다. 이 문제를 정치적으로 바라보는 시선도 있지만, 특히 국민의 안전에 관한 문제라면, 언제나 국가와 정부 여당이 무한한 책임을 통감하는 게 옳다. 우리는 그들을 지켜드리지 못했고, 이에 관해 정권은 어떤 비판에서도 자유로울 수 없다. 내가 그때 어떤 역할을 할 수 있는 입장이 아니었고 그 일과 직접적인 연관이 없다고 하더라도, 나는 한 사람의 국회의원이자 여당의 최고위원으로서 반드시 그분들에게, 또 우리 국민에게 죄송스러움을 전해야 했다.

정치적 득실을 따지기 이전에, 여기에 있는 사람들은 국민들이 그 사태에 대하여 가진 절망과 슬픔을 넓고 깊게 끌어안는 게 먼저다. 나는 정치가 든든하게 우리 국민 모두를 지탱하는 버팀목이 되어야 한다고 생각한다. 많은 사람들의 생각 또한 나와 같을 것이라고 믿는다.

:

나는 왜 무릎을 꿇었는가

이런 나의 행보를 응원하고 격려를 보내주던 사람들도, 막상 누군가가 장애인의 목소리를 '결집'하고, 정치적인 장場으로 이들을 끌어들인다고 하면 눈을 가늘게 뜨면서 비판적으로 생각하기도 할 것이다. 행동경제학자인 유리 그니지와 존 리스트는 『무엇이 행동하게 하는가』(안기순 옮김, 김영사)에서 "차별 대상이 해당 문제에 선택권을 행사한다고 믿을 때 사람들의 반감은 추악한 머리를 단다."라고 말했다. 당사자와 당사자성이라는 개념은 거기에 속하지 않은 많은 사람들에게 그리 환영받지 못하고, 때로는 강력한 공격의 대상이 되기도 한다.

내가 2022년 3월 28일 서울 경복궁역의 전국장애인차별철폐

연대(전장연) 시위 현장에서 무릎을 꿇었다는 사실이 많은 주목을 받았다. 아마 주위에선 내가 그럴 줄 알았다면, 내가 사회의 논란 한가운데에 그리 설 줄 알았다면 다들 나를 뜯어말렸을 것이다.

그러나 누구도 말릴 순 없었으리라. 나도 내가 그럴 줄 몰랐는데, 주위에서 그걸 어떻게 알았겠는가? 그날 현장에 가니 절로 그렇게 되었다. 나는 당시 무엇을 어떻게 행동해야지 하고 미리 준비하지도 않고, 오로지 거기에서 내가 느끼고 생각하는 바대로만 말하고 행동했다. 모든 건 현장의 바로 그 찰나에 결정됐다. 그건 어떻게 보면 나의 예술가적인 기질이 표현이 된 것일 수도 있겠다. 그러나 지금도 그 일을 전혀 후회하지 않는다. 그때 여러분이 본 그 모습은 이 사안과 관련된 나의 진심 그대로였기 때문이다.

사람들이 가장 크게 오해하고 있으며 정확히 짚고 가야 할 것이 있다. 내 사과는 '전장연'이라는 한 단체를 향한 게 아니었다. 이 사회의 모든 구성원에게 바친 사과였다. 장애인들의 기본권을 외면한 정치권 내의 한 사람으로서 장애인들에게, 그리고 전장연의 시위로 열차 지연 등 일상생활에 심각한 불편을 겪은 비장애인 시민 모두에게 드린 사과였다.

나는 정치인으로서 국민의 마음을 헤아리지 못한 것이 진심으로 죄송스러웠다. 지하철을 이용하는 시민 한 분 한 분은 그저 평범하게 삶을 꾸려가고 있으며, 다 자기만의 힘든 사정이 있다. 왜 그것을 모르겠는가? 그렇기에 나는 그 자리에서 정치권에서 풀어내지 못한 일을 여러분이 겪게 해서 정말 죄송하다고 말씀드렸고, 장애인이 편해야 모두가 편해질 수 있는 사회가 가능해지니 유아차, 휠체어 어르신들도 함께 이용할 수 있는 장애인 편의시설을 조금 더 넓게 생각해주시기를 간곡히 부탁드린다고 말씀드린 것이다.

어쭙잖은 사과는 하지 않느니만 못하다. 하려면 제대로, 성의 있게 하는 것이 옳다. 나는 정치인으로서 거기에 "죄송합니다. 노력하겠습니다." 정도의 입에 발린 사과를 하러 간 것이 아니었다. 온 국민의 관심이 쏠린 그 자리에서 나는, 공동체의 모든 구성원에 대한 깊은 사죄와 반성의 마음, 장애 당사자 중 한 사람으로서의 내 진심 어린 고뇌, 국민을 대표하는 사람으로서 당장에 무엇도 해결하지 못한다는 무력감과 자책감, 그리고 우리 사회가 이 문제를 훨씬 더 심층적으로 바라봐야 한다는 조바심과 분노를 강력하게 표현하러 간 것이다.

그래서 나는 가장 정중하고, 가장 상징적이며, 가장 진정성 있는 사과의 방식을 선택했다. 나는 모두의 앞에서 무릎을 꿇었다. 잘못한 건 잘못했다고 반성하는 모습을 보여드리는 게 이 사회를 위해 가장 정직하고 힘 있는 모멘텀이 될 수 있으리란 믿음으로.

이동권이라는 아픈 권리

어쩌면 나의 무릎 꿇음은, 동시에 장애인으로서 내가 정치권으로부터 받고 싶었던 행동이었는지도 모르겠다. 연일 서울 지하철에선 시위가 벌어지고 온라인은 전쟁터인데 정치인들은 아예 관심조차 가지지도 않았다. 아무도 당시 상황을 타개할 만한 어떤 대안을 제시하지 않았고, 심지어 누군가는 아주 계산적으로 "볼모"니 "인질" 같은 말을 써가며 비장애인 시민들에게 장애인 단체를 향한 두려움과 분노와 혐오를 결집시키는 논평을 내놓기 시작했다.

나는 이 문제 앞에선 의원이고 뭐고를 다 떠나서 생각할 수밖에 없었다. 시위하는 사람들을 바라보며 '내가 만약 이 사람이었다면'이 아니라, '내가 바로 그 사람'이라고 생각할 수밖에 없는 문제였다는 것이다. 장애인 이동권은 바로 나의 이야기였기에, 그런 유의 야비함을 도저히 묵과할 수 없었다.

대체 그런 말을 하는 정치인들은 단 하루라도 중증장애인으로 살아보았을까? 그들은 장애인의 삶을 모른다. 잘 알지 못한다면, 섣부른 말을 삼가야 한다. 일반 시민이 아니라 국가의 국정을 책임지는 사람이라면, 적어도 이 문제가 불거진 근원적인 요인을 먼저 살피고 개선책을 고민해야 마땅했다. 그러지 않고 어떻게 그리도 쉽게 동료 시민을 낙인찍고 배제해버릴 수 있단 말인가?

몇몇 사람들은 여전히 '뭘 이동에 그리 집착하나?'라고 생각할지도 모른다. 안타깝게도, 그렇지 않다. 이동권은 생각보다 훨씬 더 절실한 문제다. 이동이 되지 않으면 학교와 직장과 병원 등 그야말로 모든 필수적인 것들에 대한 접근이 불가능해진다.

전체 지하철역사 중에서 이미 93%가 넘는 역에 승강기가 설치되어 있다고? 대구대 사회복지학과 조한진 교수는 '1역사 1동선'이 100% 확보되지 않은 것은 그 자체로 아주 큰 불편을 초래하는 문제라고 지적했다. 누군가가 가야 할 역에 승강기가 없으면 "다른 역엔 다 있다"고 따지는 게 무의미하다. 다른 이동

방식도 좀 찾아보라고? 전국 시내버스 10대 중 3대가 저상버스인데, 이는 10년 전인 2011년 정부의 달성 목표보다도 못 미치는 수치다. 장애인들이 억지를 부려가며 지하철에 초점을 맞추고 있는 게 아니라는 뜻이다. 다 알겠는데, 그래도 조금은 기다릴 줄도 알아야 하는 것 아니냐고? 이 이동권 시위가 지금 20여 년째이고, 1984년 김순석 씨가 도로의 턱을 없애 달라고 목숨을 던진 게 어느덧 40년 전이다. 과연, 도대체 얼마나 더 얌전히 기다려야 국가는 움직일 것인가?

그것은 왜 절박한 인권의 문제인가

그러니 이동권 문제 앞에선 의원이고 뭐고 아무것도 없다. 지금 대한민국이 보여주는 태도는 산소가 부족한 물고기에게 "조금만 기다려보라."라고 말하는 꼴과 다르지 않으며, 이것은 우선순위의 문제가 아니라 유보될 수 없는 인권의 문제이기 때문이다.

멀리 갈 것도 없다. 나도 이동을 도와주는 직원이 부재 시에는 장애인 콜택시를 이용해서 출근을 한다. 새벽 6시 반에 부른다면 차가 얼마 뒤에 올 수도 있지만, 아침 9시가 넘어서도 못 올 수도 있다. 지금은 배차가 언제 될지 예측조차 불가능한 상황이다. 나는 2022년 4월 서울시의 시각장애인 콜택시가 3년간

한 대도 안 늘고 158대 그대로라는 사실을 지적한 바 있다. 언제 탑승할 수 있을지 장담할 수 없는데, 만약 아침에 중요한 일정이 있다면 어찌 마음 놓고 택시를 이용할 수 있을까?

그렇다. 장애인 콜택시에만 기대할 수 없으니, 대중교통을 생각해보자. 버스는 더욱 심각하다. 앞서 저상버스의 도입률이 너무 낮은 것도 지적했지만, 버스별로 음성 안내가 지원되지 않는 현 상황은 내가 혼자 버스를 이용하는 일을 철저히 가로막고 있다. 당신이 정류장에서 눈을 감고 타야 할 버스를 기다리는 상황을 떠올려보라. 혼잡한 교통 상황으로 버스가 연착되어 몇 대가 우르르 같이 오는 경우, 정류장 안내방송에 나오는 버스가 인접한 버스에 비해서 조금 늦게 도착하는 경우를 한번 생각해보라. 나도 종종 시도해보았지만, 아마 누구도 자신이 타야 할 버스를 찾아 타기가 쉽지 않을 것이다.

어떤 사람들은 내가 '쇼'를 했다고 비난한다. 아니다. 그렇지 않다. 국회 내의 의원으로서 이 문제에 대해 얼마나 많이 고민했는지를 알면 그런 비난을 하진 못했을 것이다. 나는 내 담당 부처가 아닌 과학기술정보통신부나 국토교통부 관계자들까지 숱하게 만나면서 「교통약자의 이동 편의 증진법」 개정법률안을 준비하고 현 상황에 대해 문제를 제기했다. 자기 몸으로 현실을 맞닥뜨린 장애인이 아니라면 제기할 수 없는 것을 말하고 또 말해왔다. 나는 쇼를 한 것이 아니다. 나는 여기에 뭘 보여주려고 온 사람이 아니라 일을 하러 온 사람이다.

타협을 위한 노력

사람들이 오해하는 게 또 있다. 일부 사람들은 내가 전장연의 편을 들고, 무조건 옹호한다는 식의 논리로 나를 공격했다. 그렇지 않다. 나는 이날 이후 전장연에 찾아가 박경석 대표를 만나서 이제는 타협점을 찾고 조율해 줄 것을 제안했다.

시위 현장에 다녀온 후 나는 상상하기 힘들 만큼 엄청난 비난에 시달렸다. 당원들로부터는 물론이고, 불특정 다수의 사람들이 의원실로 전화해서 욕을 해서 전화기를 사용할 수 없는 지경에 이르렀다. 문자 폭탄은 물론이고, 내 SNS에는 악플로 도배가 되었다. 우리 직원들도 커다란 고통을 받았다. 그런 상황에서 내가 뭘 어떻게 해야 옳았을까. 그냥 꿋꿋이 내 할 일을 하면 된다는 생각도 했지만, 무언가 상황을 타개할 계기가 필요했다.

이래서는 안 되겠다 싶었다. 나는 박경석 대표에게 연락드린 후 전장연 사무실로 찾아갔다. 나는 사무실에 들어가자마자 "대표님, 저는 너무 힘듭니다. 언제까지 이러실 거예요." 그에게 정중히 말씀드렸다. 내가 오해받아서 힘들다는 게 아니라, 지금 전장연이 아닌 다른 장애인 단체들까지도 죽겠다고 목소리를 내지 않느냐, 사람들은 장애인 단체를 잘 모르니 다 전장연이라고 생각하고, 장애인이라는 사람들만 보면 짜증이 난다고 하지 않느냐, 나야 지금 이 시위의 근원적인 이유와 맥락을 잘 알고 있지만 비장애인 입장에서는 이런 상황이 힘들고 짜증 나는 건 사실 아니냐, 그에게 이야기했다.

"이제는 출구전략을 고민해야 하는 것 아닐까요?" 나는 그에게 지금 시위의 방식을 바꾸는 것을 제안했다. 조금 더 현실적인 타협의 지점을 찾아서 문제를 풀어나갈 수 있기를 바라며, 내가 중간에서 열심히 힘써보겠다는 말씀도 드렸다. 그러자 묵묵히 듣고 있던 그는 이렇게 말했다. "덜 욕먹는 일을 하면, 아무도 신경을 안 씁니다. 욕먹는 일이라도 좀 해야 욕이라도 하지요. 그전에는 욕도 안 하고 관심을 아예 끄는 것, 잘 아시지 않습니까?" 거기에 대고 내가 뭘 더 말할 수가 없었다. "알겠습니다. 좀 힘드네요. 안녕히 계세요." 나는 인사하고 사무실을 나올 수밖에 없었다.

내가 받은 모욕의 정체는 무엇인가

당시에 나는 우리 당 차원에서 어떤 제재도 받은 적이 없다. 당에서는 지금까지 내 의견이나 정책 제안에 대해서 한 번도 반대한 적이 없다. 만약 '전장연 시위 반대 및 규탄'과 같은 당론을 정할 거였으면 의원들을 모아놓고 총의總意를 구하는 과정을 거쳐야 한다. 합당한 논의가 없다면 절대로 당 대표의 개인 SNS 글이 당의 목소리가 될 수는 없다.

그처럼 총의를 모으는 과정은 이뤄진 적이 없다. 그런 식의 논의가 조금이라도 당 차원에서 진행되었고, 정부 또한 동일한 입장이었다면, 내가 찾아간 뒤 대통령 인수위에서 시위 현장에 방문하지도 않았을 것이다. 아니, 인수위에서 찾아가기도 전에 나는 제명당했어야 한다. 당에서는 아예 공개적인 토론조차 진행한 적이 없고, 당시 당 대표는 그 상황에서 본인의 채널을 통해 계속 전장연 시위를 비판할 뿐이었다. 당의 대표직에 있는 사람이 장애인의 답답함과 절실함을 깊이 파악하려 하지 않고 그것을 악의 근원으로 자꾸 몰아간다는 게 절망적이었다.

어느 인터뷰에서 그는 나를 의원실의 전장연 출신 비서관에게 휘둘리는 존재로 공격해놓았던데, 그 또한 실로 충격적이고 어이가 없는 일이다. 나를 자기 줏대도 없이 끌려나가서 전장연 편을 드는 인간으로 만든 건 심대한 인격적 모욕이라고 하지 않을 수 없으며, 그런 발언을 했던 이는 수많은 지지자를 거느린 사람이라 아직도 많은 사람들이 나를 '전장연 꼭두각시'와 같은 존재로 여기고 있는 게 사실이다.

모욕적인 기분을 참고 말하건대, 나는 그동안의 수많은 사회적 경험과 지식을 기반으로 내 경력을 다져왔고, 내게는 그러한 전문성을 통해 구축해둔 개인적 역량이 있다. 그런 것을 인정받아 국회의원이 되었고, 국회에서 누구에게도 부끄럽지 않게 성실히 의정활동에 임하는 중이다. 이런 내가 의원실 보좌진의 인적 네트워크 같은 것에 휘둘려서 행동한다니? 위신 따위는 없이 부하직원의 말과 세력에 고분고분 따르는 상사라니? 이건 의원실 리더로서의 내 정체성을 완전히 무시하고 독립적 입법 기관으로서의 역할을 왜곡한 것인데, 어쩌면 누군가는 나라는 사람에 대해서는 영원히 그렇게 알고 싶을 수도 있고, 나를 인정하지 않고 싶을 수도 있겠다는 생각이 들었다.

당신들은 나를 바라보지 않을 수 없을 것이다

나는 화를 잘 내지 않는다. 2020년 처음 국회에 들어왔을 때부터 지금까지, 나는 공적으로 만난 누군가에게 단 한 번도 화를 낸 적이 없다. 물론 겉으로 화를 내지 않았을 뿐이지, 속으로 화가 나지 않은 건 아니다. 나도 인간인데 누군가에게 화가 날 때가 왜 없었겠는가.

그런데 장애인을 인간으로서의 자기결정권도 행사하지 못하는 사람, 비장애인에 비해 무언가 열등한 존재이자 철없이 끌려다니는 미숙한 아이처럼 여기는 그런 분위기를 대할 때는 참을 수 없이 화가 난다. 앞서 말한 전장연 사태도 그렇고, 이 세계에는 분명히 장애인들을, 사회적 약자와 소수자를 그렇게 열등한 존재로 바라보는 분위기가 없지 않기 때문이다.

예컨대 내가 비례대표 의원직을 수락했던 즈음, 다른 당의 어느 거물급 정치인이 "선천적 장애인은 의지가 약하다"라고 말해서 화제가 된 적이 있다. 나는 그 무지함과 몰지각함에 깜짝 놀라지 않을 수 없었고, 이내 그 감정은 불쾌감으로, 그 불쾌함은 분노로 돌변했다. 장애의 유무를 가리지 않고 우리 사회의 많은 사람들이 그 말에 공분했으며 곧 비판이 쏟아졌다. 우리 사회는 그 정도의 교양은 갖추었던 것이다.

장애인이든 비장애인이든 우리 중엔 의지가 약한 사람이 있고, 강한 사람이 있다. 선천성 장애인이라고 의지가 더 약하다고 말할 수 있는 근거는 어디에도 없다. 그런 말이야말로 어리석은 편견이자 전혀 합리적인 근거를 찾을 수 없는 혐오적 시선을 드러내는 것이다. 거기다가 그는 선천적인 장애인 당사자도 아니었다. 당사자로서 말하건대, 내가 뭐 그렇게 의지가 강한 건 아니지만, 대체 그가 어떤 근거로 선천적 장애인들이 의지가 약하다고 말하는지가 궁금하지 않을 수 없었다. 아니, 저렇게 아무것도 모르면서 '나는 다 안다'는 식의 오만한 망언을 내뱉는 건 어떻게 하면 가능한 걸까, 그 뻔뻔함은 어디서 연유한 걸까, 나는 그런 궁금함도 참을 수 없었다.

그때도 나는 화를 내지 않았다. 나는 그 발언에 대해 묻는 언론들과의 인터뷰에서 "그분이 그런 편견을 갖게 된 계기가 있을 것"이라고 말했다. 또 "내가 직접 국회에 들어가서 그분을 만날 수 있다면 '제가 선천성 장애입니다'라고 말할 것이다. 내가 얼마나 의지가 강한지, 얼마나 일을 잘하는지 보여드리면 그분의 편견이 없어질 것이라 믿고 있다."라고 점잖게 밝혔다. 그때는 내가 정식으로 국회에 발도 내디디기 전이었다는 점을 고려해달라. 정말로 많이 참으면서 말한 것이고, 지금이었으면 말의 수위도 달랐을 거다.

그래도 나는 예의를 갖추고 그의 말을 비판했을 것이다. 나는 앞에서 인지와 학습에서 감정이 지니는 중요성을 이야기했고, 또 내가 하나의 계기이자 하나의 언어와 같은 사람이 되길 바란다고 적었다. 결국 나는 이 사회의 '처음'과 같은 사람이다. 내가 국회에 온 첫 장애인이나 소수자는 아니지만, 여기서 만나는 많은 이들의 '첫 번째'가 '나'라는 것을 알고 있다. 나로 인해 빚어지는 기억이나 인상이 그분들에게는 오래 남아 있을 것이다.

그래서 나는 자주 화를 참는다. 내 안으로 화를 꾹꾹 눌러 가라앉힌다. 우리는 비장애인에 비해 열등한 사람이 아니다. 장애인을 그런 식으로 바라보는 사람들을 향해 말하건대, 나는 당신들을 볼 순 없어도, 당신들은 나를 바라보지 않을 수 없을 것이다. 나라는 존재가, 내가 여기에서 말하고 행동한 그 모든 것이 이 사회에 오래도록 남아서 당신의 발언과 생각에 제동을 걸게 되리라.

타인의 삶을 함부로 재단하지 마라

장애인을 '미숙한 사람'으로 여기는 이런 분위기는 나아가 이들을 무슨 지원을 해줘도 소용없는 사람, '게으르고 나태한 사람'으로 규정하는 것까지 나아간다. 이런 규정을 일삼는 사람들은 '사회적 약자와 소수자들에게 무엇을 베풀어봐야 그들이 안 한다'는 식으로 예산 낭비 프레임을 만든다. 그들의 진단은 일견 그럴듯하되 사실은 아주 피상적이고 협소한 것에 불과하다. 그들은 눈에 보이는 수치들은 읊을 줄 알지만, 그 숫자 너머 존재하는 삶의 어려움에 관해선 전혀 주목하지 않는다.

예컨대 내가 힘을 쏟았던 일 중 하나는 장애인 스포츠 강좌 이용권 확대인데, 이는 장애인들의 스포츠 참여 기회를 늘리기 위해 온·오프라인 스포츠 강좌 수강료를 지원하는 사업이다. 올해 5년 차를 맞이한 이 사업은 참여율도 낮고 사용되는 예산보다 사용되지 못하는 예산이 더 많다고 지적받고 있다. 왜 그럴까? 잘 살펴보면, 장애인들이 갈 곳은 마련하지 않고 그냥 이용권만 주었기 때문이다. 돈만 주고 나머지는 알아서 하라는 식의 시혜적인 태도에 머물러선 안 되는 것인데, 사람들은 '돈을 줘도 안 하는데….'와 같은 의심에서 더 나아가지를 못했다. 나는 화가 나지 않을 수 없었다.

장애인들을 위한 시설, 강좌, 지도인력 등이 절대적으로 부족한 현실에서 비용을 지원한다고 그들이 뭘 배울 수 있을까? 나는 수영을 배우고 싶어도 여전히 서울 어딘가에서 나를 가르쳐 줄 수 있는 강사를 찾아 헤매야 한다고 앞에서도 적은 바 있다. 시각장애인인 나는 물속에서 누군가를 따라갈 수가 없으니, 지도자는 내게 알맞은 적절한 교육 방법을 갖추고 있어야 한다. 그런데 이렇듯 이런 장애 유형별 특성을 파악하는 지도자가 아직 우리 사회에 거의 없다. 장애인들의 생활 반경에서 쉽게 찾아가 제대로 배울 수 있는 곳을 만들지 않고, 전문적으로 가르칠 사람도 양성하지 않고, 비장애인들과 함께 시설을 공유하며 스포츠를 즐길 수 있는 여건과 인식 또한 정착되지 않은 상황에서 우리는 쉽게 예산 낭비를 운운한다.

너무 당연한 말이지만, 장애인들은 비장애인에 비하여 결코 미숙하지도 나태하지도 않다. 장애인도 비장애인도 모두 자기 삶의 환경에서 최선을 다하고 있으며, 자기 삶을 더 낫게 가꾸어가고픈 욕망이 있다. 장애인들도 공동체의 일원으로서 의무와 책임을 다하고 싶다. 내가 지금까지 만난 모든 장애인들은 자신의 특성에 맞는 일을 하고 자기 몫을 해내면서 이 사회에 보탬이 되고 싶어 했다.

그러니 만약 때때로 장애인을 비롯한 사회적 약자들이 '무턱대고 받기만을 바란다'고 느껴진다면, 그들이 무언가를 하려고 할 때 그들의 발목을 그림자처럼 붙들고 있는 이중삼중의 굴레까지 바라볼 수 있었으면 좋겠다. 집 밖으로 나가서 뭘 배우려 해도 도저히 배울 만한 환경이 되지 않는다는 것, 그처럼 열악한 사회적 기반까지 지적할 수 있었으면 좋겠다. 국가는 모든 국민의 그런 기본적인 권리를 보장하라고 있는 것이다. 누군가에게 책임과 의무를 묻는 일은 최소한의 권리를 보장한 뒤에 해도 늦지 않다.

타인은 '또 다른 나'와 같다

나는 정치에서의 예의와 품격 있는 언어가 얼마나 중요한지를 이야기하고 있지만, 현실은 그렇지 않다. 정치권에는 갖가지 혐오와 차별적 태도뿐만 아니라 "어린놈", "건방진 놈", "오만방자하다", "관심 종자", "물병을 머리에 던져버리고 싶다." 등등 조롱과 멸시를 넘는 거친 막말이 뒤덮여 있다. 상대를 존중하는 예의 바른 태도는 도저히 찾아볼 수가 없다.

나와 다른 상대를 존중하고 인정해야 한다는 건 워낙 당연한 덕목으로 권해지는 것이지만, 정치판에서든 우리 현실에서든 그와 거리가 너무나도 먼 경우를 많이 본다. 왜 그런 걸까? 나는 그것을 자신이 남들과 다르다는 것을 결코 인정하지 못하는 사회적 분위기와 압력 탓이라고 본다. 상대의 '다름'을 인정하기 위해선, 먼저 자신의 '다름'을 인정해야 한다. 나 스스로가 남들과 다른 존재라는 사실을 인지해야 한다. 어차피 우리 사는 세상엔 '같은' 존재란 있을 수 없고, 모두가 조금씩은 '정상적인' 경로에서 이탈해있기 때문이다.

우리 모두는 조금씩 이상하고 그래서 다채로운 존재들이다. 나는 남과는 절대로 같을 수 없는 한 사람이며, 그건 남들도 마찬가지다. 그러므로 나의 다름을 있는 그대로 받아들이고, "내가 그를 볼 때 그렇듯, 그 또한 내가 잘 이해되지 않고 이상하게 보일 수 있겠구나."라고 생각할 수 있어야만 타인을 향한 존중이 가능한 법이다. 그래야만 그도 '나처럼' 조금은 다르구나, 그런 그의 인격적 개성 또한 '또 다른 나'와 같구나, 같은 방식의 이해가 가능해진다.

그런데 우리는 어떨까? 우리 사회엔 엄청난 '동화의 압력'이 있다. "나와 비슷해질래? 아니면 배척당할래?"라고 개인을 몰아붙이는 분위기가 있다. 그런 분위기 속에서 타인에게 저런 질문을 던지는 사람은 일단 동화에 성공한 존재라고 봐도 되며, 그렇다는 건 그 삶이 '집단에서 배척되는 것에 강력한 두려움'을 깊숙이 내면화하고 있다는 것과 같다. 그런 이에게 세상은 하나의 '전선'이 된다. 그는 자신의 두려움을 전선 바깥의 상대에게 투사하며 온갖 막말로 상대를 깎아내린다. 그러니 결국 자신의 문제가 먼저다. 다른 사람을 보고 격렬한 거부감이나 폭력적인 마음이 든다는 건, 결국 '정상'에서 벗어나는 자기 스스로를 받아들일 수 없는 탓인 것이다.

린치 이후

정치 바깥에 있을 때는 나도 자기 소신 없이 대세에 휩쓸리는 정치인들을 이해할 수 없었지만, 전장연 사태를 겪고 나니 왜 그들이 그렇게까지 '다른 목소리'를 내는 걸 두려워하는지 비로소 체득할 수 있었다. 아무리 이 사회에 필요한 발전적인 목소리라 할지라도, 그에 반대하는 다수의 사람들에게 찍히면 '너는 쓰레기다'라며 린치를 당한다. 이 사건의 꼬리표는 내게서 떨어뜨릴 수 없다. 아직도 사람들은 내게 이때의 이야기를 묻곤 한다. 나는 누군가에겐 여전히 쓰레기처럼 여겨지고 있을 것이다.

아무리 사람들의 이목을 끄는 게 중요하다고 해도, 지나치게 선정적인 이슈와 구도에만 열을 올리는 언론 현실도 비판하지 않을 수 없다. 아직도 내가 전장연 시위를 어떻게 바라보았고, 내 사과의 의미는 무엇이었으며, 우리는 지금 무엇을 고민해야 하는지를 차분하게 실어준 매체는 거의 없었다. 당시 당 대표의 왜곡되고 자극적인 목소리를 중심으로 다뤄진 기사들이 아직도 즐비하다. 결국 좋게든 나쁘게든 이 사회에 더 큰 영향력을 미치는 스피커의 목소리가 훨씬 더 주목받는 게 우리 사회의 공론장인 것이다.

나는 '대결 구도' 그 자체도 선정적이라고 본다. 모든 일이 대결도 아닐뿐더러 우리가 굳이 그렇게 만들 필요도 없다. 그런 대결이 조명을 받기 때문에 소수자의 목소리, 이들을 둘러싼 열악한 인프라를 지적하는 목소리가 묻힌다. 그리고 나는 그 묻혀 있는 목소리를 끄집어내기 위해 여기에 왔고, 그것을 잘 알기 때문에 그런 일에 집중할 수밖에 없었다. 그 사람들이 내지르는 절규의 이유를 차근차근 밝히고, 공동체를 지금보다 더 균형 있게 유지하는 방법에 대해서 사람들에게 전달해야 했던 것이다.

그런데도 이런 내 마음이 무색하게, 그때 그 전장연 사태는 또다시 당의 대표와 나의 대결 구도로 소비되어 버렸다. 그런데 뭘 비등비등해야 대결이라도 되지, 당에서는 최고라고 볼 수 있는 대표의 입장과 일개 의원이었던 내가 부딪쳤던 것으로 보였지만 둘은 애초에 대립이라는 게 성립조차 될 수 없는 관계다. 의전 서열로만 봐도 여당 대표는 부총리급에 해당되는 7위이고, 국회의원은 60위 바깥을 넘어가니 말이다. 그러나 어쨌든 욕을 먹을 때 먹더라도, 욕을 먹으니깐 해야 할 일을 안 한다는 건 내게 있을 수 없는 일이었다.

나는 '좋은 사람'이 아니다

자기가 무엇을 얻기 위해서 늘 상대를 속이는 게 정치인의 일상이라고 하지만, 나는 그렇진 않은 것 같다. 나는 누군가에게 책임지지 못할 말은 하지 않고, 내가 못하는 것을 못한다고 정직하게 인정하는 편이다. 보통 이쪽의 사람들은 겉으로는 "잘 챙겨보겠다." 말하고 안 챙기는 전법을 구사하는데, 나는 "제가 할 수 있는 일이 아닙니다."라고 못을 박는다. 그래서 예전부터 의원실 직원들이 이런 나를 보고 깜짝 놀라는 경우도 많다. 보통의 정치인들 문법과는 꽤 달라서 그랬을 것이다.

내가 할 수 없는 일은 단호하고 깔끔하게 할 수 없다고 말씀드려야 한다. 그게 그 사람에 대한 예의이고, 배려다. 그분은 내가 할 수 있을 줄 알고 말씀하신 것일 텐데, 얼굴 보자마자 사실대로 정확하게 알려드려야 다른 방법을 빨리 찾을 것이다.

내가 웃는 얼굴로 "노력해 보겠다."라고 이야기하면, 그분은 그 말을 잠시라도 믿을지 모른다. 그러면 그분은 단 하루라도 진짜 솔루션을 찾을 기회를 놓칠 수 있다. 내가 뭐라고 그분의 시간과 에너지를 낭비한단 말인가? 단호히 "나는 할 수 없다."라고 못 박은 뒤에는 내가 알고 있는 선에서 조언을 드리기도 하지만, 어쨌든 내가 할 수 없는 것은 할 수 없는 것이다. 그건 바꿀 수 없다.

이것은 상대가 아니라 나 자신에 대한 올바른 자각의 문제와 연결되리라. 그중에서도 '나는 완벽한 존재가 아니다'라는 자각은 꽤 중요한 것 같다. 나는 자기 자신이 결코 완벽할 수 없다는 것을 인정해야 한다고 믿으며, 어디에서든 그런 마음가짐으로 살아가려 노력한다. 자신이 뭘 할 수 있는지, 뭘 할 수 없는지를 파악하는 건 그만큼 중요하며 그것은 곧 나 자신의 한계를 정직하게 인정하는 것과 다르지 않다.

가급적 세상의 많은 사람에게 '좋은 사람'으로 비춰지고 싶은 건 인간의 자연스러운 욕망이다. 그런 욕망은 내 안에도 없다고 할 순 없겠지만, 적어도 나는 누군가에게 거짓말은 하지 않기로 했다. 당장에 조금은 불편하고 서먹하더라도, 나는 내가 좋은 사람으로 인정받기보단 상대방이 실제로 잘되는 게 더 바람직한 일이라는 것을 알고 있기 때문이다. 그래서 조금이나마 더 그런 방향으로 살아가려 노력한다. 누군가에게 좋은 영향력을 미치지 못하더라도 피해를 끼쳐서는 안 되지 않겠는가?

단독자로 살아간다는 것

'쇼다운'이라는 스포츠를 모르는 독자가 많을 것이다. 시각장애인 스포츠 쇼다운은, 탁구와 비슷하다. 소리가 나는 공을 배트로 쳐서 센터스크린 너머의 상대측 골포켓에 넣는 운동이다. 나도 몇 해 전 '쇼다운의 성지'라 불리는 우리동작장애인자립생활센터에 직접 방문해서 이 운동을 즐기고 선수분과 경기를 치러보는 영광을 누렸다. 물론 선수에게는 상대도 안 됐지만 말이다.

2022년 스위스 취리히오픈에서 한국 쇼다운 사상 처음으로 국가대표 이종경 선수가 금메달을 따내기도 했다. 2015년 우리나라에 처음 도입된 이 구기 종목은 매년 빠르게 성장하고 있고, 기량이 급속히 느는 선수들도 많다. 우리나라는 아시아의 유일한 출전 국가이기도 하다. 그런데 2023년 9월, 영국에서 개최된 국제시각장애인협회 월드게임에 출전한 쇼다운 남녀 국가대표들이 감독, 코치 등 비장애인 코칭스태프로부터 폭언과 학대를 당했다며 진정을 접수했다. 그 진정 안에서는 장애인 학대의 끔찍한 현장이 펼쳐지고 있었다.

"니들은 단순히 눈 나쁜 게 아니네. 눈만 나쁘면 됐지 왜 막 여기저기 아파가지고." "너네는 시각 장애 말고도 왜 한 군데 멀쩡한 데가 없느냐." 이런 장애인 혐오 발언과 언어폭력은 다반사에, 협박과 유기와 방임의 문제는 더 심각했다. 훈련 과정에서 이런 식이라면 영국에 데려가지 않겠다는 위협을 일상적으로 했고, 영국 현지에선 제대로 된 안내나 식사 지원도 하지 않았다. 또 선수들은 대회 경기 중간중간 대기실 안에 완전히 방치되기도 했다. 비장애인 감독과 코치 두 사람은 국제대회 일정이 끝나자 이틀간 자유 시간을 갖자더니, 선수 여섯 명을 코치 한 사람에게 모두 맡기고 3시간 거리의 런던으로 관광을 가버리기도 했다.

나는 2023년 10월 국정감사에서 시각장애 국가대표 선수와 선수들의 편을 들어준 코치를 증인으로 소환했고 이 문제를 고

발했다. 나는 그 시간 내내 절로 목이 멜 수밖에 없었다. 시각장애인이 아니면 그러한 상황이 주는 두려움과 비참함을 도저히 이해하지 못할 것이기 때문이다. 조속한 처리와 빠른 처벌이 이뤄지지 못한 것도 한스러웠다. 선수들은 영국에서 돌아온 즉시 스포츠윤리센터에 제소했지만 처리는 늦어졌고, 피해를 당한 선수들은 가해자들이 심판으로 참여하는 국가대표 선발전에 다시 출전할 수밖에 없었다.

더 큰 문제는 여기서부터다. 이번 쇼다운 국가대표진을 꾸린 문체부 산하 시각장애인스포츠연맹 관계자로부터 '외압'이 들어오기 시작한 것이다. 연맹 측은 내 모교인 국립서울맹학교의 선·후배와 지인 관계 등을 이용해 전화를 걸어왔다. "예지한테 그만하라고 전해달라. 우리가 얼마나 어렵게 여기까지 왔는데…." 나는 하루에도 몇 번씩 이런 연락을 받아야 했다. 어떻게 이런 일이 있을 수 있는가? 당사자 장애인들의 목소리를 옹호해도 모자랄 사람이 비장애인인 감독과 코치 등 가해자들을 감쌀 수 있는가?

그분들은 내가 국회를 떠나면 볼 사람들이다. 내 선생님들과 선배님들이 시각장애인 네트워크 안에서 서로가 이러저러하게 연결되어 있는데, 다들 서로서로 "저희가 잘하겠습니다." "아유,

그래요." 이렇게 무마하다가 지금까지 계속 썩어 들어갔던 것이다. 그렇지만 아닌 건 아닌 것이다. 나는 끝까지 따져 물을 것이다. 장애계에서 퇴출당해도 좋고 우리나라에서 안 살아도 좋으니, 내가 잘못되었다고 생각하는 건 짚고 넘어갈 것이다. 여기 없으면 몰라도 내가 국회에 있는 한 묵과하지 않을 것이다. 이 판이 아무리 좁다 해도, 선배님이건 후배님이건 상관없다. 아닌 건 아닌 거다.

언제나, 개인이 가장 중요하다

사회적 약자가 대표성을 띠어도 충분히 이권을 탐할 수 있다. 장애인이라고 선한 게 아니다. 약한 사람이라고 무조건 선한 것도 아니다. 그래서 나는 누군가가 어떤 정체성을 지녔다고 해서, 어떤 집단에 소속되었다고 해서 그를 섣부르게 규정하는 것을 가장 경계한다. 나는 언제나 '개인'에게 집중하고, 우리 모두 그래야 한다고 믿는다.

집단과 정체성의 힘은 강력하지만, 우리는 남들 의견에 따라서 고분고분 행동하지도 않고, 또 비슷해 보이는 환경 속에서도 끊임없이 개별성을 추구하는 존재다. 그러므로 자신의 정체성을 무기로 다른 사람이나 집단을 공격하기보단 자기 삶을 반성적으로 점검하고, 나부터 바꿔나가고, 그런 과정을 통해 자신만이 낼 수 있는 목소리를 만들어내는 것이 옳다.

정치판에만 예의를 요구할 것이 아니다. 시민들도 예의 있게 서로를 대해야 한다. 자신과 정체성과 생각이 다른 사람도 결국 같이 가야 하는 공동체의 일원이다. 그들을 아예 도려낼 것이 아니라면, 우리는 상대방을 배려하고 설득하려는 마음을 끊임없이 되새겨야 한다.

또 국가를 바라보는 관점도 조금 달라져야 한다. 흔히들 '국가가 책임져야 한다'는 구호를 외치는 경우가 있는데, 국가는 로봇이 아니다. 국민이 모여서 국가가 되는 것이다. 그러니깐 국가에 요구할 것을 요구하되, 국민 한 사람 한 사람의 마음과 태도가 바뀌는 일도 그만큼 중요하다. 그 마음을 정치화하는 일이 우리 사회의 변화를 이끌어내는 일이라는 믿음을 갖고, 그러한 '마음의 언어'를 정교하게 가다듬어 표현해 내는 일도 요구된다.

예컨대 이 시대의 육아에 관해서 생각해 보자. 나는 아이를 낳아 키워보진 않았지만, 육아는 정말로 굉장하고 엄청난 일임이 틀림없다는 걸 잘 안다. 육아는 일이고, 또 육아는 노동이다. 우리가 생각하는 '일'이란 보통 어딘가에 소속되어 주어진 업무를 완수하고, 월급을 받고, 일정한 시간이 되면 호봉이 오르는 것 등등일 텐데, 나는 지금 이 초저출생의 시대에 세상의 그 어떤 그럴듯한 일보다도 '육아라는 일'이 훨씬 더 중요하다는 것을 확신한다. 이것은 비단 나뿐만의 생각이 아닐 것이다.

그런데 종종 우리 사회나 내 주위의 부모님들이 아이 때문에 본인의 커리어가 훼손되었다거나, 아이를 키우는 일이 자기 인생의 마이너스가 되고 있다거나, 아이 때문에 자기 시간을 너무 뺏긴다는 식으로 말씀을 하셔서 나도 마음이 많이 아팠다. 사회는 그렇게 여기더라도, 부모님은 그렇게 생각하고 그런 말을 해서는 안 된다. 그건 어쩌면 '일에 대한 편견'을 당사자들 또한 공유하고 있어서가 아닐까?

나는 '육아로 인한 경력단절'이라는 말을 들을 때도 너무 안타까웠다. 아이를 키우는 일이야말로 경력의 연장이며, 경력 그 자체가 되어야 한다. 앞서 돌봄에 관한 인식 전환을 이야기한 바 있지만, 우리 사회는 육아를 지금보다 훨씬 더 사회·경제적으로 중요하고 필수적인 일로 여겨야 한다. 육아를 과거처럼 가정의 일로만 맡겨두어선 안 되지만, 동시에 부모님들도 그 일에서 가장 뜻깊고 귀한 의미를 찾아내고, 그것을 언어화해서 결집시켜야 한다. 그래야만 사회가 바뀌고, 국가가 바뀐다. 부모님들부터 육아를 ‘바깥일에 비해 중요하지 않은 것’으로 여겨서는 안 된다.

모든 부모님은 다 자기 아이를 자기만의 방식으로 사랑해주리라. 또 모든 사람은 각자만의 방식으로 존경받을 만한 구석이 있다. 이런 맥락에서 나는 이따금 들을 수 있는 “존경할 만한 어른이 없다.”라는 말에도 공감할 수 없다. 존경할 만한 어른은 주위에 많이 있다. 우리가 누군가의 존경할 만한 면모를 겸손한 마음으로, 주의 깊게 잘 찾아낼 수만 있다면 말이다. 『빨간머리 앤』의 앤은 세상의 누구 한 사람도 같다고 보지 않고, 언제나 한 사람 한 사람에게 애정을 담아 다가갔다. 앤은 상대의 가장 아름다운 모습을 찾아내기 좋아했으며 그것을 너무나 잘했다. 우리는 어른이 되었어도 여전히 앤에게서 배울 게 많다.

나는 성악설을 믿는다

나는 인간의 힘을 믿는다. 그리고 나는 인간이 언제든 게을러지고 자기 안에 갇힐 수 있는 존재라는 것도 안다. 특히 끼리끼리 뭉쳐 '팀'과 '진영'을 이루었을 때 얼마나 이기적으로 변할 수 있는지를 잘 알고 있다.

그래서 성선설과 성악설을 굳이 구분한다면, 나는 성악설을 믿는 편이다. 앞에서 말한 쇼다운의 사례도 그렇지만, 불과 몇 세대 위로만 올라가도 장애인은 아예 '정상인'들의 세상에선 존재해선 안 되는 이들이었고 세상에서 '청소'되었다.

그런 걸 생각한다면 나는 도저히 인간이 선한 존재로 태어났다고 믿을 수 없다. 요즘 많은 이들에게 성악설 주창론자에 속하는 쇼펜하우어가 큰 인기라고 하던데, 나도 대학 시절 그의 책들은 웬만하면 다 찾아 읽었다. 사는 게 곧 고통이며, 인생은 고통과 권태를 오가는 시계추와 같다는 말, 또 인간보다 개가 더 낫다는 그의 말이 지금도 내 머릿속에 남아 있다. 예술을 찬양하고 음악만이 우리 모두를 하나로 이어줄 수 있다는 그의 말도 피아노를 치는 나는 참 좋았다. 너무 어둡고 시니컬한 톤이긴 했지만.

어쨌든 남에게 휩쓸리는 삶을 살아가지 말고 고독하게 네 갈 길 가라는 쇼펜하우어의 말은, 우리 사회에서 충분히 인기가 있을 만하다. 하도 '정상성'을 강요하며 타인과 자기 자신을 미워할 수밖에 없는 사회다 보니, 모두가 너무도 지쳐 있다. 그런 우리에게 쇼펜하우어의 독설은 훌륭한 처방전이 될 수도 있을 것이다.

그러나 쇼펜하우어는 절반만 옳다. 나는 쇼펜하우어의 취향처럼 피아노 앞에서 나 홀로 몇 날 며칠을 보낼 수 있는 사람이고, 어디서든 틀린 건 틀렸다고 말할 수 있으며 언제든 떠날 준비가 되어 있는 사람이다. 그렇지만 이런 나도 내가 주위의 영향을 얼마나 많이 받는 존재인지를 알고 있고, 또 우리가 서로에게 하는 그 사소하고도 섬세한 배려가 얼마나 소중한지를 알고 있다. 나는 협주를 할 때 누구 한 사람이 잠깐이라도 제대로 집중하지 않으면 음악의 흐름 자체가 완전히 깨져버린다는 사실을 잘 알고 있다.

사람은 본래 고독한 존재이기도 하지만, 우린 그만큼 서로에게 긴밀한 영향을 주고받는 존재이기도 하다. 우리는 그 주고받음을 통해 조금 더 선하고 이타적인 곳으로 나아갈 수 있다. 인간에겐 사악하고 동물적인 씨앗이 있는 건 분명하지만, 우리는 그것을 극복할 수 있다. 나는 성악설을 믿어도 인간이 악한 존재로 머무를 수밖에 없다곤 생각하지 않는다. 우리 자신이 끊임없이 반성하고 스스로를 경계하는 한.

어떤 오지랖

국회의원이 되니 참 많은 행사에 초청을 받고, 공식적인 자리의 축사 요청도 자주 받는다. 보통 정치인들은 이런 곳에 참석해서 자기 축사만 하고 썰물처럼 빠져나가는 경우가 많다. 나도 막상 그런 입장이 되니 자리를 오래 지킬 수 있는 형편이 못 되는 이유를 알게 됐다.

그래서 행사를 준비한 분들께 늘 미안하다. 대부분의 경우 실무진들이 얼마나 열심히 자리를 준비했고, 누군가를 초대할 때 어떤 간절한 마음을 갖게 되는지를 잘 알기에 나도 가급적이면 내가 참석한 자리를 오래 지키려 노력한다. 특히 장애 예술인들이 상을 받는 자리는, 그중에서도 발달장애인분들이 많은 자리는 최대한 끝까지 지키고 마지막에 사진도 같이 찍으려고 마음먹는다. 그러지 못해 미안할 때도 있지만 말이다.

언젠가는 어떤 분이 그런 자리에 오래 앉아 있으면 조금은 재미없고 지루하지 않으냐고 물어본 적이 있다. 책의 서두에서도 말했지만, 나는 애초에 인생에서 그다지 재미를 추구하는 사람이 아니기 때문에 괜찮다. 난 그 행사의 의미와 내용과 목표 같은 것에 집중할 수 있다.

어딘가에 초청받아서 갔을 땐, 나는 행사의 진행에 대해 무언가를 조언해드릴 수 있는 입장은 아닐 것이다. 참아야 하는데, 그래도 종종 나는 참지 못하고 간접적으로나마 꼭 내가 느낀 걸 말씀드리곤 한다. 변명을 하자면, 내가 초대받아서 갔다기보단 언제나 부르는 사람이 된 것 같은 기분이 되어서 그렇다. 나도 여러 행사를 주최해보았기에 뭔가가 삐끗하고 잘 풀리지 않으면 내가 다 괴롭기 그지없다. 그래서 괜히 내 마음을 졸이게 되는 것이다.

예컨대 행사를 주최하는 측이 일부러 축사 시간을 끝에 두는 경우도 있었다! (얼마나 먼저 가는 정치인들이 싫었으면!) 정치인 입장에서 그런 말을 할 처지가 못 되는 걸 알고 있지만, 나는 주최 측의 담당자님을 찾아가서 이렇게 말씀드렸다. 다른 분들이 축사

하러 오는 것만 해도 다 노력이고, 마음이고, 시간을 쓰는 것이라고. 꼭 물리적으로 끝까지 자릴 지켜야만 행사의 대의에 함께하는 것으로 볼 순 없다고. 나름의 관심과 응원의 마음이 없었으면 아예 오지도 않았을 거라고. 이렇게 적어두니 내가 그새 정치인이 다 된 것 같아 민망하긴 해도 별 수 없다.

'간호법'과 '가족구성권 3법'에 관하여

2023년 5월, 우리나라를 떠들썩하게 만든 '간호법' 표결이 있었다. '집단 퇴장'이라는 당론을 어기고 표결에 참여해 찬성표를 던진 우리 당의 의원이 두 사람 있었다. 간호사 출신의 최연숙 의원과 간호법 제정안에 공동 발의자로 참여했던 나, 김예지였다. 우리는 당론을 어기기는 했지만, 당으로부터 별다른 질책이나 벌을 받진 않았다. 제명이 안 되어서 다행이라고 속으로 한숨을 내쉬었지만 다시 한번 그런 순간이 와도 나는 같은 생각을 할 것이다.

나는 간호사들의 현장을 안다면 잘 아는 사람이라고 할 수 있을 것이다. 내가 어렸을 때 간호사였던 엄마는 무의촌無醫村이었던 경기도 용인에서 보건소의 진료소장으로 일했다. 용인은 지금은 무척 값비싼 동네가 됐지만 그때는 완전히 시골이었는데, 엄마가 병원에 멀리 가기 힘든 분들이 한밤중에 찾아오면 자다가도 벌떡 일어나서 그분들을 돌보았던 게 생생하다. 또 내가 중학교에 들어갈 무렵 엄마는 가정간호 1기 자격증을 따고 서울 전 지역에 왕진을 다녔다. 나는 지역사회의 보건 인력이 어떤 역할을 하는지를 너무 오래전부터 봐왔고, 그 일을 하는 사람들이 얼마나 격무에 시달리는지, 또 우리 사회엔 병원에 갈 수 없는 사람이 생각보다 얼마나 더 많은지를 잘 알고 있다.

엄마의 간호사 지인 중에는 지금도 현장에 계시는 분들이 있다. 간호사 인력난이 워낙 심하기 때문이다. 특히 고령화의 급속한 추세 속에서 지역 요양 병원이나 노인복지시설의 간호사를 구하는 일이 더욱 힘들어지고 있는 건 분명하다. 이런 문제에 대한 정책적인 개선, 또 지역사회의 간호에 대한 업무 범위와 요건 등을 명확히 정리하는 건 반드시 필요한 일이었는데, 의료계 관련 단체들과 복지부는 '그럼 간호사들이 지역사회에서 병·의원을 개업할 수도 있다'며 법안 통과를 가로막았다. 나도 이 법안을 한 문장 한 문장 꼼꼼히 읽어봤지만, "지역사회"라는 말이 들어 있다고 해서 간호사가 단독 의료 활동을 할 수 있다는 조항은 어디에도 없었다.

간호법과 마찬가지로 내가 당과 다른 독자적인 행보를 보였던 건 2023년 5월 '가족구성권 3법'을 공동 발의한 것이다. '생활동반자 관계'를 법적으로 인정하고(「생활동반자관계에 관한 법률」), 동성 간의 혼인을 법의 테두리 안에 끌어들이며(「혼인평등법」), 혼인 여부와 관계없이 보조생식술 등 출산 지원과 그 밖에 필요한 조치를 국가와 지자체의 책임으로 정해둔 것(「비혼출산법」)이 그 내용이었는데, 모두 기독교와 보수 진영에서는 아주 강력하게 반대하는 내용들이라 우리 당에서는 내가 유일하게 공동 발의자로 함께했다.

나는 이러한 가족구성권 법률안의 내용이 전통적인 가족 관념을 파괴하는 급진적인 것이라고 생각하지 않는다. 법은 시대의 흐름을 반영해야 하며, 우리는 이제 가족이라는 개념을 법적으로 재정립하고 조금 더 다양하고 열린 가족 모델을 받아들일 때가 됐다. 우리는 남자와 여자가 만나 혼인을 하고, 그렇게 혼인한 부부만이 부모가 될 수 있고, 또 부부와 자식 관계에서만 재산 분할이나 유산 상속을 할 수 있다고 법적으로 규정해둔 세상에서 살고 있다. 이런 '정상가족'의 신념이 무리 없이 통용되었을 때도 있었겠지만, 이제는 많은 사람들의 실제 현실을 제대로 반영하지 못한다는 것을 우리는 인정해야 한다.

예컨대 우리 사회의 1인 가구 비중은 급속히 높아졌고 나만 해도 혼자 살고 있는데, 나 같은 사람이 훗날 누군가와 '서로를 돌보고 지지하는 관계'를 맺기로 결정한다면, 내가 나의 자기결정권을 행사해서 선택한 그 관계는 당연히 법적으로 보장받아야 하지 않겠는가? '결혼'과 '정상가족'의 틀에서 벗어난다고 법이 그런 동반자적인 관계를 품어내지 못하는 게 과연 옳은 것일까? 또 동성애자들이 사랑하는 사람과 결혼할 수 있는 권리를 법적으로 보장하는 게 왜 문제일까? 이미 미국, 캐나다, 영국, 독일, 프랑스 등 전 세계 30개국에서는 동성혼이 합법인데, 우리가 그런 추세를 막을 수 없는 이유는 무엇일까? 마지막으로 오직 법적으로 혼인한 이들에게만 임신과 출산을 지원해줄 수 있다는 것에 어떤 타당한 근거가 있을까? 많은 전문가의 지적처럼, 우리 초저출생의 현실을 극복하기 위해선 비혼 출산 부모의 법적 지위를 인정하는 것 또한 중요한 계기가 될 수 있지 않을까?

나는 스스로를 향해 이런 질문들을 멈추지 않았고, 내가 선택해야 할 바를 선택했다. 국회의원은 하나의 독립적이고 개별적인 헌법기관이며, 우리에게는 "국민의 대표자로서 소속 정당의 의사에 얽매이지 말고 양심에 따라 투표하여야 한다"(「국회법」 제114조 2항)는 의무가 있다. 내가 속한 '우리 편'과 다른 목소리를 낸다는 건 쉬운 일은 아닐지라도, 나는 가야 할 길을 간다. 그 길이 우리 사회를 위해 진정 더 옳다고 판단되면 언제든 그럴 것이다.

키오스크 앞에서, 우리는

요즘은 스마트폰 화면에 지나치게 중독된 사람들이 많다고 한다. 자극적인 영상 콘텐츠의 과잉과 범람 역시 사회적인 문제가 되고 있다. 화면을 볼 수 없으니, 나는 그런 시각적 중독의 감각을 알진 못한다. 그런 것을 볼 시간에 나는 나름의 성찰과 고민을 차분히 이어갈 수 있다는 좋은 측면도 없진 않을 것이다.

그렇지만 그건 그거고, 그러한 정보들에 대한 접근권은 우리 모두에게 보장되어야 한다. 그것을 받아들일지 말지를 판단하는 결정은 내가 한다. 누구도 그것을 가로막을 수는 없다. 유해한 건지 무해한 건지, 유익한 건지 쓸모없는 것인지에 관한 판단을 대신하려 하지 마라. 어쨌든 세상에 있는 정보는 공유되어야 하고, 사각지대가 생겨서는 안 된다. 나는 '차별 없는 정보접근'을 오랫동안 강조하고 또 강조해왔다.

메타버스와 같은 새로운 플랫폼과 디지털 환경이 점점 더 늘어나는데, 나는 그에 관한 뉴스를 매일 들으면서도 그런 쪽으로의 접근은 거의 완전히 가로막혀 있다. 세상이 온통 트렌드라고 외치는 무언가에서 완전히 소외된 느낌을 받아 두려울 때도 있다. 그것은 내 몸에 와 닿는 기술의 역설이라고 표현할 수 있을까. 마치 누군가에게 PDF 파일을 받았는데, 그것이 점자정보단말기가 점자로 변환할 수 없는 이미지형 PDF인 것을 알게 됐을 때처럼. 혹은 PDF의 내용 안에 표와 그림이 가득할 걸 알았을 때의 심정도 그렇다.

기술이 발전해서 여러 측면에서 더 수월하고 편리해진 측면도 있겠지만, 이처럼 디지털화된 세상은 때때로 장애인이 의식주와 같은 삶의 필수적인 영역에 접근하는 것 자체를 가로막는다. 그런 추세는 점점 더 가속화되고 있다. 요즘 식당에서 쉽게 볼 수 있는 테이블 오더 기기를 생각해보라. 비장애인은 이 기기를 자유롭게 활용할 수 있겠지만, 나는 어떨까? 직원이 내 자리로 와서 직접 주문을 받아주지 않는다면 나 같은 사람은 거기에서 아예 밥 먹는 일이 불가능할 것이다.

가장 주목해야 하는 건 키오스크 주문이다. 요즘 점점 더 많은 식당과 카페에서는 키오스크 주문이 보편화되고 있는데, 나는 2022년 장애인이 비장애인과 동등하게 키오스크를 이용할 수 있도록 「장애인차별금지법」 일부개정법률안을 최초로 발의해 통과시켰다. 그렇다고 바로 세상이 바뀌는 것은 아니다. 소수자들을 배려하는 사회의 변화는 언제나 너무 느릿느릿한 편에 가깝다. 장애인의 자유로운 키오스크 접근을 2026년까지 단계적으로 적용하겠다는 보건복지부의 시행령안은 안타까웠지만, 그래도 변화는 계속 일어나는 중이다. 맥도널드에도, KFC에도, 그리고 서울 여의도의 IFC몰에도 하나씩 하나씩 배리어프리 키오스크가 들어서고 있다.

키오스크가 주로 '식'食의 문제에 해당한다면, 월패드는 '주'住의 영역에 포함된다. 요즘 아파트 거실에는 홈네트워킹인 '월패드'가 달려 있어, 이 화면을 통해 대문도 열어주고 집 안의 모든 기기를 제어하도록 되어 있다. 그런데 이 월패드는 장애인은 물론이고 노약자들이 이용에 커다란 어려움을 느끼는 게 현실이다. 어르신들이 쓰시기엔 인터페이스도 직관적이지 못하고, 또 화면 크기와 글자 크기가 작아서 눈에 안 들어온다는 말씀도 많이 하신다. 어떤 할머니가 아들 집에 갔다가 기기를 작동하는 법을 몰라서 손자가 왔는데도 문을 못 열어주셨단다. 그래서 직접 문을 열고 나갔는데, 그때 출입카드를 안 가져가서 할머니와 손자 둘 다 집에 못 들어왔다는 사례도 있었다.

키오스크도 월패드도, 결국 장애인만의 문제는 아니다. 장애인에게 편한 세상은 모두에게 편한 세상이라는 것을 선명하게 보여주는 화두인 것이다. 이처럼 스마트 기기에 탑재되는 기능은 점점 더 많아지는데, 그걸 원활하게 쓸 수 있는 사람과 없는 사람으로 분리되는 현재의 추세는 우려스럽다. 키오스크 앞에서 쩔쩔매는 어르신들의 사례를 우리는 가볍게 넘겨서는 안 된다. 모든 인간의 돌봄과 접근의 문제는 결코 빠르게 발전하는 기술만으로는 해결될 수 없으며, 이게 모든 사회구성원 사이에서 '디지털 포용'과 '사람을 위한 기술'이라는 전제가 더욱 확고히 공유되어야 하는 이유다.

아마도 나는 국회에서 정보접근에 관하여 가장 많이 고민하고 이야기해 온 사람일 것이다. 나는 이 문제로 어려움을 겪는 당사자이며, 정보에 대한 불평등한 접근이 삶에 얼마나 큰 손해를 끼치는지를 잘 알기 때문이다. 나는 오랫동안 직접 겪은 디테일한 상황들을 복기하고 그 어려움이 무엇인지를 사회에 명확하게 전달하고자 노력했다. 지금도 노력 중이다. 누군가는 첨단 기술이 접목된 스마트 기기에 관하여 "뭐가 문제지? 더 편해진 거 아니야?"라고 말할 수도 있겠지만, 나를 포함한 많은 사회적 약자들은 그 앞에서 '매끈한 유리 장벽'을 느끼고 있는 게 사실이다. 나는 입고, 먹고, 잠을 자는 삶의 가장 기본적인 영역에서 소외되고 싶지 않다. 인간이라면 누구든 같은 마음일 것이다.

손글씨를 쓰는 마음

나는 우리가 사는 세상이 어느 정도 기울어져 있는지를 가늠한다. 기울어진 세상 속에서, 저편에 있는 비장애인의 중심과 나와 같은 장애인들의 중심은 서로 멀리 떨어져 있다. 때때로 지금 저편에 있는 사람들은 그 기울어진 면에 몸을 대고 아주 편한 자세로 쉬고 있는 것만 같다. 반면 나는 무게중심을 잡기 힘든 모서리에서 기우뚱거리며 한 발로 지탱하기도 어려운 상태다.

그러나 그들은 내 휘청거림을 볼 수 없고, 내가 얼마나 불편한지를 잘 모를 것이다. 만약 그들이 내 지금 상황을 똑바로 바라볼 수 있다면 어떨까. 거기다가 나의 불안한 자세가 자신이 편하게 의지하고 있는 바로 그 기울어짐 때문이라는 걸 인식한다면, 곧장 나를 위하여 이 가파르게 기울어진 상황을 어떻게든 바로잡아 줄 수도 있다.

내가 저편의 누군가에 관해 다 알지 못하는 것처럼, 그도 나에 대해 간과하거나 놓치고 있는 것이 있을 수 있다. 나는 자주 이렇게 입장을 바꿔서 생각한다. 기울어진 건 기울어진 것이더라도, 우리에겐 누구나 자신이 처한 특수하고 고유한 상황이란 게 있다. 그래서 나는 그와 나의 '불평등함'이란 개념을 잠깐 옆으로 밀어둔다. 대신 그들이 내가 겪는 이 '불편함'을 이해할 수 있도록 말을 건다. 물론 그들이 나의 어려움과 불편함을 다 이해할 수는 없겠지만, 그런 이해와 공감이 조금이나마 가능하다면 어쨌든 해볼 만한 가치는 있다. 나는 그 사람의 입장을 중심으로 여러 소통의 도구들을 활용한다.

나는 종종 나의 깊은 마음을 전하고 싶은 비장애인 분들에게 손글씨로 감사 카드를 쓴다. 점자로 쓰면 10분도 걸리지 않는 일이지만, 손에 펜을 쥐고 감사 카드를 쓰면 그보다 몇 배의 시간은 더 걸린다. 내가 종이 위에 쓴 게 그래도 글씨로는 보이는지 다른 비장애인 친구나 동료에게 확인을 받는 일도 필요하다. 나는 읽지 못하지만, 일단 쓴다. 내가 읽지 못하는 방식이어도 상관없다.

이것은 에이블리즘적인 관점에서 장애인이 비장애인을 '필요 이상으로' 배려하는 행동이라고 봐야 할까? 나는 나 스스로를 너무 지나칠 정도로 비장애인인 상대방에게 맞추고 있는 걸까? 그렇게 볼 수도 있겠지만, 그렇지 않을 수도 있다. 내가 뭘 나를 잘 봐달라고 그런 방식을 선택한 것이 아니다. 나는 그저 상대에 대하여, 이 세상에 대하여 조금이나마 진정성 있는 책임의 마음을 품었을 뿐이다.

책임이란 무엇일까? 책임을 지는 존재로 산다는 것은 무엇을 뜻할까? 내게 책임이란 '나 바깥의 세상'이 내게 아주 중요한 의미를 띤다는 인식과도 같다. 물론 나 자신의 행복과 존엄은 절대로 유보할 수 없고, 어느 순간에도 유보되어서는 안 되겠지만, 나는 '나 바깥에 사는, 나 아닌 존재'가 얼마나 존중받아 마땅한 삶을 살아가는지도 알고 있다. 심지어는 나를 조금은 멀리하고 불편하게 여기는 저들조차도 '나'를 버티게끔 하는 하나의 중요한 조각이다. 그들 또한 이 공동체의 일원이기에. 그렇다면 마치 내가 연주하는 피아노 소리를 듣는 것처럼, 그들이 내가 가진 이 책임감이라는 마음에 아주 천천히라도 젖어 들 수 있진 않을까? 자신의 삶 바깥에 존재하는, 자기 아닌 그 모든 존재가 자신에게 얼마나 중요한지를 깨달을 수도 있지 않을까? 자기 바깥에도 자신만큼 존엄한 사람들이 살아가며, 그 모든 존엄한 이들이 모여 자신을 지탱한다는 인식을 가질 수 있진 않을까?

그리고 장애를 갖지 않았더라도, 이 사회의 모든 사람이 어떤 지점에서는 아주 약한 존재일 수밖에 없다는 것, 누군가의 도움을 절실히 필요로 한다는 것을 우리는 알고 있다. 우린 모두 자기만의 방식으로 약한 사람들이다. 지금은 아니더라도, 언젠가는 반드시 그렇게 될 것이다.

:

그러면 되었습니다

지금 내가 하고 있는 말이 너무 이상적으로 들리는가? 그런 비판적인 관점도 타당한 면이 있다. 우리 공동체엔 장애인들이 비장애인의 문법에 맞출 것을 요구하는 비장애인중심주의가 여전히 만연한 게 사실이다. 김지혜 교수는 『선량한 차별주의자』(창비)에서 "다수자는 소수자의 이야기를 듣지 않으면서 잘 말하라고 요구한다. 그렇게 사실상 침묵을 강요한다."라고 썼다. 내가 아무리 '잘' 말해도, 예컨대 나의 정성 어린 손 편지를 보고도 코웃음을 치는 비장애인이 존재할 것이다. 나는 결국 그들에게 아무런 응답을 듣지 못할 수도 있다.

그렇지만 책임이라는 단어는 우리 모두가 결국 서로 연결되어 있다고 격려한다. 그 개념은 우리의 지평을 넓힌다. 개별적 운명의 경계선을 잠깐 지우고, 타인과 나 사이의 거리를 좁히고, 나라는 한 사람이 이 사회에서 얼마나 중요한 존재인지를 깨닫게 만든다. 내가 내리는 순간순간의 '작은 결단', 그 사소한 성실성이 이 공동체를 위해 커다란 의미가 있음을 알려준다. 나는 그런 책임감을 갖고 힘이 닿는 한 성실하게 살며 여기까지 왔다. 싸울 때는 싸웠다. 할 말은 했고, 욕먹어야 할 땐 욕을 먹었다. 비장애인들이 자기가 얼마나 편한 환경에 기대어있는지 인식하길 바란다고 목청을 높였다. 그리고 이런 책을 썼다.

나는 계절이 바뀔 때마다 미용실을 찾아 갈색으로 염색한다. 봄과 여름이면 밝게, 날이 조금씩 추워지면 톤을 다운시킨다. 또 나는 옷을 고르고 쇼핑하는 일도 좋아한다. 재질과 촉감을 꼼꼼하게 따져보며, 바지와 윗도리의 촉감의 조화를 가장 중요하게 여긴다. 사람들은 내게 갈색 머리가 잘 어울린다고 말해주고, 내 원피스가 너무 예쁘다고 말해주고, 함께 쇼핑을 가서 내가 잡은 옷의 색깔을 말해주고, 가끔은 어떻게 그리도 안 예쁜 색깔만 고를 수 있느냐며 깔깔 웃으면서 핀잔도 한다. 나는 내 머리카락과 내가 입은 옷의 색깔을 볼 수 없다. 앞으로도 영영 볼 수 없을 것이다. 그러나 대신 당신들이 나를 바라봐 주고 있다. 당신과 나는 여기에서 같이 살아가고 있다. 우린 서로에게 책임이 있으며, 당신도 그 사실을 알고 있으리라 믿는다. 그거면 됐다.

어항을 깨고, 바다로 간다
전진하는 김예지의 단단한 기록

발행일 2024년 1월 4일 초판 1쇄

지은이 김예지
편집 박성열, 이옥란
디자인 박은정
인쇄 민언프린텍
제본 라정문화사

발행인 박성열
발행처 도서출판 사이드웨이
출판등록 2017년 4월 4일 제406-2017-000041호
주소 서울시 영등포구 당산동3가 522-2, 304호
전화 031)935-4027 팩스 031)935-4028
이메일 sideway.books@gmail.com

ISBN 979-11-91998-25-2 03300